이우학교를 나오니 이우학교가 보였다

이우학교를 나오니 ——— 이우학교가 보였다

이우학교 졸업생 성장 분투기

동하

길 위의 날들,
사랑과 자유와 배움의 시간

김철원
이우중고등학교 교장

참된 自由는 自己의 理由를 갖는 것입니다.

—신영복

1.

여전히 아이들은 길 위에 서 있다. 자기 존재의 이유를 찾고 자기 존엄을 지키며 살기 위해 아이들은 길 위의 날들을 보내고 있고 지금도 걷고 있다. 나는 열 네 편의 글을 읽으며 길을 걷고 있는 사람을 떠올렸다. 비바람과 눈보라, 햇살과 새소리가 모두 있는 길을 각자의 발걸음으로 각자의 속도와 방향으로 걷고 있는 아이들.

무너지고 주저앉으면서 또 조금씩 시도해보고, 실패하면 방황하다 다시 천천히 시작해보는 것. 삶은 언제나 빛과 그림자를 같이 품고 있다. 수없이 무너지면서 또 여러 번 나아가는 것이 삶이다. 아이들의 문장에서 그 빛과 그림자를 동시에 볼 수 있었다. 완료가 아니라 진행으로서의 삶, 완벽한 깨달음이 아니라 여전히 회의하고 의심하고 비판적으로 바라보면서 시도하고 실험하고 상상하는 삶, 거기에는 문득 인간적인 것이 있어서 가끔 뭉클하기도 했다.

아이들은 정지가 아니라 진행을 택했고 머물러 있지 않고 흘러가는 삶을 살고 있었다. 인생의 긴 여정을 생각하며 마음속에서 아이들에게 깊은 사랑을 보내고 싶어졌다.

2.

우리 자신의 존재를 지키며 살아가기도, 남을 돌보고 헤아리기도 어려워졌다. 눈앞의 일은 늘 커 보였고, 내 작은 마음 하나 지키며 살아가기도 어렵다. 세상에 슬픔이 너무 많아졌다. 매일매일 일상에서 세상이 우리로부터 소중한 것들을 빼앗아가는 것 같은 느낌이 들기도 한다. 작년에 나는 '아이들 삶과 존재의 위기'를 여러 자리에서 말했고 말할 때마다 울게 되었다. 그 말에는 아이들을 만나며 내가 마주한 아주 구체적인 고통과, 눈으로 볼 수 있고 손으로 만질 수 있는 슬픔이 있었기 때문이다. 그것은 감각할 수 있어서 말할 때마다 허리가 꺾이고 무릎을 꿇게 되는 아픔이었다.

그래서 우리가 말하고 도전해야 하는 대안은 어디 먼 나라에 있거나 문서 어딘가에 있거나 죽은 말 속에 있는 것이 아니라 바로 지금 여기 일상과 현실에 있고 거기에서 출발해야 한다.

우리의 실험과 상상은 추상적 담론이나 당위적 방법론이 아니라 아이들의 고통과 요청, 사회적 고통에 대한 구체적인 절박함에서 비롯된 것이어야 한다. 이우학교가 문을 열면서 했던 말 '가장 이상적인 것이 가장 현실적이다'는 말을 나는 이렇게 이해하고 있다.

3.

그럼에도 아이들에게는 그 고통의 다른 쪽에 언제나 생에 대한 눈부신 갈망이 있다. 내가 만난 아이들은 모두 그랬다. 의미 있는 존재가 되고 싶은 갈망, 자신의 힘으로 삶과 세상을 아름다운 쪽으로 바꾸어 내고 싶은 갈망, 사랑하고 사랑받고 싶은 갈망. 바로 그 사실 때문에 가르치고 배우는 일은 더 간절해지고 절박해진다. 사회적 불평등은 더욱 심화되고, 환경과 생태계는 돌이킬 수 없을 정도로 망가지고, 공동체와 관계는 무너지고 끊어진 것 같다. 뜻을 가지고 의미 있는 일을 하려고 모인 사람들은 상처주고 상처받으면서 끝내 서둘러 헤어지기도 한다.

하지만, 희망보다 절망을 말하기는 쉽다. 세상도 망했고 나도 망했다고 말하기는 언제나 편하다. 희망에는 언제나 보이지 않는 것을 볼 수 있는 힘이 필요하기 때문이다. 겨울나무에서 이미 봄의 꽃을 보고 여름날의 연못에서 겨울의 눈보라를 보는 것. 희망은 언제나 보이지 않는 것에 있다. 우리는 삶을 바라보는 섬세한 눈을 가져야 한다.

4.

처음에 이 글을 쓸 때는 열 네 명의 아이들의 공통점을 찾아 정리해보면서 이우학교를 통과한 학생들의 경험을 분석해보려는 마음도 있었다. 그러나 아이들은 각자의 길 위에서 자기의 기준으로 사랑하고 분투하며 살아가고 있고 그것은 고유하고 특별하고 구체적이다. 아이들 각자의 글에서 단어 하나 문장 하나만 빼와도 이상하게 그 힘과 울림이 사라질 것 같다. 아이들의 문장은 자신들의 삶

만큼이나 섬세하고 자신들의 시간만큼 단순하지 않다.

그럼에도 열 네 편의 글을 읽고 나서 마음속에 떠오르는 것은 있었다. 그것은 자기를 이해하고 발견하려는 끊임없는 노력과 인생의 목적에 대해 부단히 고민하는 마음과 태도다. 그들에게는 그런 삶의 기술이 있다.

아이들은 "책의 저자가 말하는 바를 완벽하게 깨치고 해석하는 데서 오는 그런 즐거움이 아니라, 어떠한 배움을 스스로 나 자신의 맥락 속에 위치시켜보고 그것을 '나의' 목소리로, '나의' 삶의 표현으로 만드는 데서 오는 즐거움"을 배움의 중요한 순간으로 여길 줄 알았고, "서로의 마음을 터놓을 수 있는 자리를 함께 계획하고, 학원에 가지 않고도 서로 배우고 가르치며 공부를 봐줄 수 있는 프로그램들을 고안하고, 갈라져나간 관계를 다시 이을 수 있는 방법들을 짜내고 실행하는" 대담한 용기와 실천력을 보여주기도 했다.

"남들처럼 자격증 하나 정도는 있어야 할 것 같아서 토익 스피킹을 시작했지만 학원에서 배운 영어와 뉴욕에서 뮤지컬 대본집을 구해 익힌 영어는 전혀 달랐고, 그때야 비로소 새로운 언어를 배우는 이유는 단순히 남들이 하라고 해서 혹은 중요하다고 하니 하는 것이 아니라 하고자 하는 이야기를 정확히 전달하기 위해서, 스스로를 표현하기 위해서라는 것"을 알게 되면서 공부가 결국 자신의 질문과 동기로부터 시작되어야 한다는, 공부의 본질을 단번에 깨닫게 되기도 했다.

"조금 멀리 돌아왔지만, 이제는 행복하고 이우학교에서 얻은 것들이 잃은 것들에 비해 충분히 가치 있고, 고차원적이었다는 것을 납득할 수 있게 되었다"는 말은 긴 시간 자기를 찾기 위해 방황하면서 좌절하고 분투한 한 인간의 고백처럼 뭉클하다.

5.

아이들의 성장과 변화가 이우학교였기 때문에 모두 가능했다고 생각하지 않는다. 세상에 그런 학교는 없다. 이 책이 이우학교 졸업생의 성공기로 읽혀지지도 않았으면 좋겠다. 어쩌면 삶의 의미는 표준화된 성공에 있는 것이 아니라 고유하고 개별적인 성장에 있는 것이니까. 그들은 인생의 어느 순간, 이우학교를 통과해갔을 뿐이다. 이곳에서 아이들은 어떤 사람들을 만났고, 어떤 일들을 경험했으며, 때로 어떤 일들을 시도하고 도전했다.

아이들의 삶은 언제나 이우보다 크다. 그러니까 때로는 이우에서 배우고 경험한 것들을 각자의 방식으로 이해하고 받아들이고 자신의 삶의 방향으로 가져가면서, 때로는 저항하고 거부하고 갈등하면서 얼마나 자신의 고유한 삶의 스타일로 만들었는가가 더 중요한 셈이다.

그럼에도, 감히 나는 아이들의 글에서 이우학교가 아이들과 함께 꿈꾸고 희망했던 것들, 아이들과 함께 이루려고 했던 무언가가 어렴풋하게 확인될 때마다 조용히 눈을 감고 혼잣말을 했다. '다행이다.' 가령 이런 글을 읽을 때는 한참 동안 두 손을 모으고 앉아 있어야 했다.

그럼에도 이우가 나에게 가르쳐준 것, 그러니까 끝없이 나와 함께 살아가는 존재를 의식하고 헤아리는 마음과 적당히 적당히 살려는 나의 마음은 자주 실랑이를 벌였다. 이전처럼 집회에 나가고 싶지 않다고 마음먹으면서도 홀로 집회를 이어가는 한 겨울 명동성당 앞에 선 어느 노동자에게 뜨거운 베지밀을 사서 쥐어주고는 도망쳐버리는 식이었다. 온몸으로 아픈 마음을 드러내는 친구의 모습을 보고도 나도 마음의 여유가 없고 당장 해결해야 할 일이 많아 미안하다고 말하면서도 늦은 밤 뒤척이다가 전화를 걸어보는 식이었다. 친구들과 만나 취업, 사회생활, 저축, 휴가, 연애, 결혼 같은 이슈로 신나게 이야기를 하면서 마치 이우학교 때 우리가 그 외의 것들을 고민한 적이 있었기나 했는지 모르겠다고, 그땐 괜히 심각하기만 했다고, 진작 앞가림이나 잘할 걸 그랬다는 자조 섞인 이야기를 나누고 돌아서는 밤에 생각한다. 그래도 나는 내 자리에서 내 몫의 마음을 내지 않으면 살아갈 수가 없게 되었다고. 이우학교가 이우학교일 수 있었던 것은 나를 지금까지 불편하게 만드는 어떤 것이 있었기 때문이라고. 그래서 나는 적당히 적당히 살려는 그 순간에도 적당히 일 수가 없다고.

이우고등학교 3기 졸업생 박다솜은 2019년 이우학교에서 국어 교사로 아이들을 가르쳤다. 그의 글에는 설명하기 어려운 힘이 있어 다른 말을 보태기가 부끄럽다. 집회에 나가지 않겠다고 마음먹으면서 동시에 베지밀을 사서 쥐어주고 도망쳐 버리고, 아픈 친구를 보면서 마음의 여유가 없으면서도 동시에 늦은 밤 전화를 걸고 있다. 괜히 내 앞가림이나 잘 할 걸 그랬다고 자조하면서도 동시에 내 몫의 마음을 내지 않으면 살 수 없다고 고백한다. 이제 편안하고 적당히 살 수 없다고 이야기한다.

이우학교에서의 나날들은 치열한 고민과 대화로 이루어져 있었다. 어느 것 하나 간단하게 넘어가는 적이 없었다. 사소해 보이는 것도 결코 사소하지 않게 다뤘다. 당연하게 생각하던 것에 대해 계속 질문하고 다시 생각해 보는 것이 일상이었다. 내가 이우학교에서 가장 크게 배웠다고 생각하는 것이 이거다. 끊임없이 나와 세계에 대해 반추하고 질문하면서 고민하기를 포기하지 않는 것.

다솜이의 힘은 '질문하고 고민하기를 포기하지 않는 것', 확신에 찬 장사꾼의 말보다 주저하고 머뭇거리고 부정하면서 오직 가장 진실한 언어를 찾는 시인의 말을 가지려는 태도에 있었던 것은 아닐까? 이우학교 교사로서 1년 동안 다솜이는 그렇게 아이들을 가르치며 살았다. 그의 따뜻하고 슬프고 용기 있는 마음을 사랑으로 응원하고 싶어진다.

6.

불확실하고 복잡하고 예측할 수 없는 삶에서 여전히 희망이 있다고 믿는 것. 그래서 정해진 순서대로 성공의 계단을 오르는 것이 아니라 불가능한 순간에 일어나는 우리의 선하고 아름다운 선택을 마음 깊이 믿는 것. 나는 아이들에게 그런 희망을 가르치고 싶었고, 오히려 그렇게 담대하게 선택하고 움직이고 시도하는 아이들을 보며 배웠다. 내 희망은 모두 아이들에게 배운 것이다.

7.

가끔, 이우학교를 떠나는 날을 생각한다. 아이들이 졸업하는 날에는 부쩍 그런 생각을 많이 하게 된다. 졸업식이 끝나고 그해 봄, 이 나라 산천에 꽃이 피고 초록의 나무들이 울창해지면 더욱 떠난 아이들이 그리울 때가 있다.

나에게 주어진 길, 내가 가야할 길, 내가 가고 싶은 길은 무엇일까? 나는 내 삶에 어떤 의미를 부여하며 살아가고 있나? 남아 있는 나날들이 문득 두렵다. 그럼에도, 아이들처럼 길 위에 서서 나도 이제 새로운 길을 향해 걸어가려고 노력한다. 혼자 가는 길 위에서 가끔 아이들을 만나고 싶다. 그러면, 좋은 사람이 되기 위해서 더 애쓸 수 있을 것만 같다.

마지막으로, 아이들이 허락해준다면 멀리서지만 곁에 있고 싶고, 응원하고 있고, 함께 하고 있다고 이야기해주고 싶다.

내를 건너서 숲으로

고개를 넘어서 마을로

어제도 가고 오늘도 갈

나의 길 새로운 길

민들레가 피고 까치가 날고

아가씨가 지나고 바람이 일고

나의 길은 언제나 새로운 길

오늘도… 내일도…

내를 건너서 숲으로

고개를 넘어서 마을로

—윤동주, 「새로운 길」

아름다워질 것이다.
우리는 더욱 아름다워질 것이다.

이우학교
교사회

너만을 기다려온 나야 나
오늘의 주인공은 너야 너,

이우학교
학부모회

함께 어우러져 나를 피워내자!
실험과 상상으로 배우고 꿈꾸며,

이우학교
이사회

#1

내 삶의 밑거름,
20대 전부를 장(長)학생으로

　나는 놀이기구 타는 것을 굉장히 무서워한다. 물론, 그 중 가장 무서운 건 롤러코스터. 천천히 그래도 조금은 설레는 마음으로 출발해서, 서서히 정점을 향해 올라가는 긴장되는 순간, 정점에 올랐을 때의 아주 잠깐의 짜릿함. 급속도로 내려오며 빙글빙글 도는 정신을 놓게 되는 혼란의 구간, 그리고 마지막 그것을 넘어선 뒤 안도의 한숨까지. 그러나 잠시 안정을 되찾을 때쯤, 정확히 한 번 더! 경험하게 해주는 놀라운 센스를 가진 것이 바로 롤러코스터. 이 모든 과정을 한 번에 경험하는 것은 나에게 너무나도 버겁고 두려운 일이 아닐 수 없다. 그래서 사실 놀이공원을 안 간 지 거의 15년이 된 것 같다. 시도조차 하지 않는다는 사실.

　그런데 내 삶을 들여다보면, 이 롤러코스터와 그렇게 똑같을 수 없다. 아니, 누구의 삶이든 마찬가지일 것이다. 아직 서른두 살의 젊은 청년이지만, 내 삶에는 그 롤러코스터의 짜릿함, 어지러운 혼돈의 시간, 그리고 이를 넘어서 다시금 안정을 찾아 다시 그 정점의 짜릿함을 기다리는 순간까지. 이 모든 과정이 담겨 있고 지금도 진행 중이다.

정점에 오르다

나의 10대 청소년기를 두 단어로 표현하자면 '내 뜻대로!' 그리고 '관계'라고 할 수 있다. '머리 염색을 해도 된대!', '야간 자율학습도 없대~!'라는 엄마의 말 한마디에 혹해서 지원했던 이우고등학교. 실제로 '자율'이라는 것을 마음껏 누리고 내 뜻대로, 나 하고 싶은 대로 해보며 그에 따른 책임도 경험해보았던 고등학교 생활이었다.

능동적이고 더불어 사는 삶을 추구했던 이우학교에서, 유난히 기획활동과 스포츠를 좋아했던 나는 체준위(체육대회준비위원회)부터 시작해서, 여자 운동 동아리 〈눈바람〉을 만들어 운영하고, 졸업발표회 사회 등 각종 행사기획에 모두 참여하고 진행했던 그 누구보다 아이들과 함께 무언가를 만들어가는 것을 좋아하는 학생이었다. 항상 기획회의 때문에 가장 늦은 밤 10시 버스를 타고 학교에서 내려왔고, 그 생활이 고단함보다는 너무나도 행복했다. '최선률'하면 이미지가 딱 떠오를 정도로 정말 열심히 뛰어다녔고, 항상 리더의 자리에 있으면서 많은 사람들의 인정도 받았다. 항상 결과물을 봤을 때 사람들이 즐거워해주고 행복해하는 모습이 나를 더 보람차게 만들었다. 그리고 이러한 생활로 인해 PD, 공연기획자 등 내가 앞으로 나아가고 싶은 방향도 점점 확고해져갔다. 엄마도 내가 이런 생활을 할 때 내 눈이 가장 빛난다고 말씀하셨다.

하지만 하고 싶은 것만 마음껏 찾아서 하다 보니, 자연스레 하기 싫은 것은 눈길도 주지 않았다. 학기 말, 성적표가 날아왔는데 이런 문구가 적혀 있었다.

"발코니에서 뜨개질을 하다가 곤히 잠이든 선률이의 모습이 생각납니다."

"선률이가 국사가 싫다고 합니다. 하지만 다른 분야에 재능이 많이 있으니 그 부분을 잘 살려보길 바랍니다."

사실 나는 기술가정 시간에 뜨개질을 하는데 너무 지루해서 발코니로 나갔었다. 그리고 이어폰을 꽂은 채 뜨개질을 하다가 잠이 들었던 것이다. 국사 시간에도 마찬가지…

이렇게 하고 싶은 것에는 엄청난 에너지를 쏟고, 하기 싫은 것에는 관심을 전혀 두지 않았던, 어떻게 보면 내 흥미대로 선택해서 하다 보니 꼭 해야 할 것들을 가끔은 놓치고 있었던 부분들도 생겼던 것 같다. 그런데 솔직하게 말하면 이 당시에는 이것이 나에게 가장

큰 배움이라 생각했기에 내 선택들이 100% 옳다고 생각했었던 것 같다.

이러한 생활을 하는 가운데에는 당연 친구, 선후배와의 관계가 매우 중요하게 작용했다. 특히 내 생활에서 80% 이상을 차지했던 동아리 〈눈바람〉 활동은 더 그랬다. 동아리 안에서 후배들에게 참 사랑을 많이 받았다. 그들과 함께 관계를 돈독히 쌓아가는 과정이 너무 행복했다.

2006년 7월 7일, 내 열아홉 번째 생일. 평소처럼 아침에 등교를 했는데, 올라가서 내 사물함을 보니 풍선으로 예쁘게 꾸며져 있었고, 그 안에는 케이크와 선물이 놓여 있었다. 후배들이 아침 일찍부터 나와 깜짝 이벤트를 준비해준 것이었다. 점심시간에는 동아리 후배들 또 선배들의 축하 세례가 이어졌고 나는 정말 사랑받는 사람이구나 하는 생각에 너무 큰 감동을 받았던 기억이 아직도 생생하다.

이렇게 누군가가 나를 좋아해주고, 사랑해주고, 인정해준 순간들, 이로 인해 가장 행복했던 나의 학창시절. 학교 생활에서는 항상 선택의 순간에 놓여 있어 그 과정 가운데에서 어떤 것이 옳은 것인지를 고뇌하기도 했었다. 하지만 어떤 선택이 옳은 것이 아니라 다 다른 것임을 알아가면서, 세상 사람들은 학생으로서의 내 생활이 어쩌면 이해가 가지 않을 수도 있었겠지만, 나 또한 다른 친구들과 다름을 스스로 인정하면서 내 소신대로 선택해온 생활들에 후회하지 않음을, 그리고 그 시기가 나에게는 가장 정점에 오른 시기였음을 추억해본다.

빙글빙글 혼돈의 시간

학창시절 기획 연출 활동에 흥미가 있었던 나는 고등학교 2학년 방송 관련 인턴쉽, 그리고 교회의 여러 가지 공연 기획활동을 통해 '나는 PD가 되어야지!'라는 꿈이 있었다. 하지만 현실은 쉽지 않았다. 일단 대학을 가야겠다 생각했지만, 성적이 기대한 만큼 나오지 않아 내가 원했던 학과에 진학하지 못했고, 어떻게든 버텨보려 했으나 결국 3개월의 캠퍼스 생활을 끝으로 자퇴하게 되었다. 일단 관심 밖의 과목들을 듣는 것 자체가 너무 힘들었고, 이렇게 지내다가 과연 앞으로 내 삶이 어떻게 될까 막막하기도 했다. 비전이 보이지 않았다고 해야 할까?

사실 자퇴를 결심하고 부모님께 조심스레 말씀드렸을 때, 의외의 반응을 보이셨다.

"요즘 네 삶을 보면서 언제 말하려나 기다리고 있었어. 아마 네가 일반 고등학교를 나왔다면 어떻게든 재미없고 무의미해도 끝까지 다녔을 수도 있었겠지… 하지만 너의 선택을 존중하고 앞으로 다시는 이러지 않도록 책임질 수 있는 선택을 하길 바래."

아마 내가 고등학교 시절 너무 하고 싶은 것들만 하고 하기 싫은 것들은 하지 않았던 것도 이 선택에 작용했다고 생각하신 것 같았다. 그러나 학창시절에도 그랬듯이 이때도 역시 내 선택을 믿고 따라주셨고 자율에 따른 책임만 말씀하셨다. 나는 이때부터 각성을 하고 이제 공부를 해야겠다 싶어 입시학원에 등록해서 다니기 시작했다.

그때 나의 하루는 이랬다. 아침 8시 30분까지 학원에 가서 핸드폰을 제출하고, 한 공간 안에서 하루 종일 수업을 듣고 밤 10시에 집에 왔다. 절제와 질서를 중요시했던 학원이라 선생님이 엘리베이터 앞을 지키고 계셨고, 중간에 밖으로는 나갈 수도 없었다. 이 모든 것들이 내 3년의 고등학교 생활과는 너무 달랐는지, 자유롭게 지내다가 갑자기 폐쇄된 공간에서의 억압과 강압적인 교육, 잘해야 한다는 여러 강박 관념과 스트레스 때문이었는지, 이 모든 변화들이 너무 버거웠던 나에게 결국 건강에 이상이 오기 시작했고 이때 공황장애를 처음 앓기 시작했다. 더 이상 학원은 다닐 수도 없었고 홀로 생활이 불가능해지면서 정말 절망적인 시간을 보냈다. '나 큰 맘 먹고 자퇴했는데. 이제 공부도 할 수 없고, 나 어떡하지?' 이렇게 걱정하면서도, 꼭 다섯 살 아이처럼 모든 생활을 혼자는 할 수 없는 상황에 놓이니 아무것도 할 수가 없었다. 아니, 할 엄두도 나지 않았다. 결국 회복이 가장 중요했던 나는 내 건강에 모든 초점을 맞추기 시작했고 입시 준비는 어쩔 수 없이 접을 수밖에 없었다.

그런데 어느 날, 인터넷을 검색하던 중 실습 위주의 방송 관련 대학을 우연히 발견하게 되었고 수시 접수 기간은 하필 다음 날이 마감이었다. 어차피 공부도 못 할 형편이고 방송 연출이면 내가 정말 하고 싶었던 일이니 일단 접수를 해야겠다 싶었는데, 마감이 내일이다 보니 준비된 것이 아무 것도 없었다. 포트폴리오를 제출해야 하는데 어떡하나 싶을 때, 갑자기 고등학교 시절 체준위를 하면서 작성해두었던 기획서, 졸업발표회 기획서 등 자료들이 USB에서 하나하나 발견되기 시작했다. 갑자기 신이 나서 이미 준비되어 있었던 고등학교 당시 했던 모든 활동자료를 첨부해서 포트폴리오를 순식간에 만들 수 있었고 이러한 경험을 높게 평가해준 덕분에 결국 나는 방송연출학과에 입학할 수 있게 되었다.

그곳에서의 배움은 아주 흥미로웠다. 프로젝트를 기획하는 것부터 직접 카메라를 들고 촬영하고 편집하는 일까지 모든 것을 경험해보면서 머리가 아닌 몸으로 익혀나갔고, 고등학교 시절에 했던 활동들의 연장선에서 조금 더 깊이 있고 기술적인 부분들까지 터득해나갔다. 내가 좋아하는 야구를 주제로 삼아 직접 야구장에 가서 촬영, 인터뷰 등을 해보기도 했고, 마지막 졸업 작품으로는 참교육을 주제로 한 〈이우人〉이라는 짧은 다큐멘터리를 제작하기도 했다.

이론, 수동적인 교육 방식이 아닌 다시금 능동, 실습 위주의 교육 방식을 택하여 내가 하고 싶은 것을 할 수 있는 곳에서의 이러한 4년간의 생활은 100% 건강이 회복되지는 못했었지만 할 수 있는 한

최선을 다해 나에게 맞는 공부를 했다는 생각에 나름 뿌듯함을 느끼고 '이 선택을 잘했다'라는 확신도 생겼던 것 같다. 졸업 후에는 교수님의 권유로 드라마 분야의 아카데미스쿨에 진학해 조금 더 실질적인 실습과 현장 경험을 통해 1년 과정을 수료했다. 그러나 그 분야의 힘든 환경과 고된 촬영에 대한 어려움, 그리고 무엇보다 PD를 하려면 내가 스스로 방송 프로그램을 많이 접해야 되는데, 왠지 그 시간들이 무료하고 지루하게만 다가왔다. 그러면서 '나는

그럼 방송 쪽은 아닌 건가?'라는 생각이 들었다. 누군가는 아까운 1년의 시간이었다고 생각할 수 있겠지만 나 스스로는 실제로 그 분야에 뛰어들기 전 나를 다시 한번 돌아보고 파악할 수 있는 좋은 계기가 된 것 같아 참으로 감사하고 다행이라는 생각이 들었다. 후에 나는 대학원 진학을 결심했고, 내가 지금까지 해왔던 것을 모두 포괄적으로 공부할 수 있는 문화콘텐츠학과에 진학하여 조교 생활을 병행하면서, 페스티벌 기획 관련 인턴 생활, 그리고 관련 논문을 통해 석사학위를 받았다.

돌이켜보면 나는 정말 긴 학업 생활을 해왔다. 20대 전부를 흔히들 말하는 장(長)학생으로 살아오면서 중요한 선택의 순간에 놓일 때가 많았지만, 그때마다 자의로든 다른 이유로든지 간에 이론이나 수동적인 교육 방식이 아닌 실습 위주, 내가 직접 움직이고 경험하는 방식의 배움을 계속해서 택해 왔던 것 같다. 또한 그러면서 내가 원하고 좋아했던 기획하는 활동을 꾸준히 하고 있었고 카메라 또한 놓지 않고 있었다는 것이 참 다행이다.

이렇게 누구보다 길었던 내 20대는 건강을 잃기도 하고, 실수와 실패도 많이 경험하면서 정말 정신 못 차릴 정로로 혼란의 연속이었다. 그런데 그 안에서도 피할 길이 준비돼 있었다는 희열감, 또 내가 평소에 당연하다고 느꼈던 것들에 대해 새삼 소중함과 감사함을 깨달을 수 있었다. 누군가는 고속도로로 빠르게 직진해서 목표에 도달하지만, 나는 국도를 지나면서 그 과정 가운데 콘크리트 길, 모래알 길 모두 체험했던 것이다. 참 힘들고 멀미도 많이 했지만 그래도 이러한 경험이 너무 소중하고 고맙다.

두려움보다는 설렘으로 다시 출발하다

나는 지금 사진 스튜디오를 운영하고 있다. 그리고 감사하게도 내 모교 이우학교에서 사진 수업도 같이 맡아서 하고 있다. 대학원 졸업 후 취직과 개인사업의 갈림길에서 여러 가지 고민을 많이 했으나, 크게 건강상의 이유 그리고 내가 만드는 1인 기업에 대한 부모님의 권유로 사진 스튜디오를 운영하게 된 것이다. 작게는 증명사진부터 시작해서 프로필 사진, 웨딩 사진, 그리고 기업 출장 사진까지 다양한 장소에서 정말 많은 사람들과 함께 만나 소통하며 내가 좋아하는 '인물' 촬영을 하고 있다.

2016년 처음 스튜디오를 오픈할 때, 나는 두 가지 목표를 가지고 있었다.

첫째, 이 스튜디오를 지나는 모든 사람들이 다른 곳과는 다른 정서적으로 편안함과 기쁨을 얻을 수 있었으면 좋겠다.

둘째, 나는 꼭 내 이름이 아닌 이 스튜디오의 이름으로 사람들에게 여러 모양으로 도움이 되고 싶다.

스튜디오에는 정말 여러 가지 사연을 가진 분들이 오신다. 우울증에 걸렸었는데 용기 내서 다시금 취업에 도전하기 위해 취업 사진을 찍으러 오신 분, 불의의 사고로 두 다리를 잃었지만 7년 간의

병원 생활로 건강을 회복해 다시 삶을 살아가기 위해 새로운 사업을 시작하는 장애우분, 어머니가 파킨슨병에 걸리셔서 본인이 증명사진을 찍으러 오신 것처럼 상황을 만들어 장수 사진을 찍어드리는 분 등 정말 세상 속에서 드러나지는 않지만 자신만의 어려움과 고뇌를 가지고 살아가시는 분들이 정말 많다는 사실을 새삼 다시 느낀다.

사실 지금까지 내 삶을 보면 오직 내 능력으로만 된 것은 아무것도 없다. 나 자신이 사랑받는 사람이라 느끼게 해준 소중한 사람들, 내가 가지고 있는 재능과 비전을 가슴에 품고 꾸준히 성취해가는 데 원동력이 된 이우 공동체, 공황장애를 겪으면서 아무것도 혼자 할 수 없었던 20대를 지탱해준 부모님의 헌신과 사랑, 그리고 많은 사람들의 배려와 기도 덕분에 다시 일어날 수 있었다. 어쩌면 내가 이렇게 두 발로 땅을 밟고, 내 삶을 마주하며 글도 쓰고, 여러 사람들을 만나고 또 살아가고 있는 지금이 기적이라 생각된다. 때문에 내가 누리고 받았던 것들을 다시금 다른 사람들에게 흘려 보내는 것, 그것이 앞으로 내가 해야 할 일이라고 생각하는 것이다. 내 롤러코스터 같은 인생이 결국 다양한 사람들과 소통하고 또 공감하고 이해하기 위한 준비된 길이 아니었을까?

이우학교에서 학생들과의 학기 초 첫 만남에 항상 이런 이야기를 한다.

"이 수업을 통해서 물론 사진에 대한 지식, 사진 찍는 실력이 향상되는 것도 중요해. 그러나 우리가 이곳에서 선생님과 학생으로 만나긴 했지만, 함께 소통하고 함께 마음을 나누면서 사람 대 사람으로서 만나 서로에게 도움이 되는 의미 있는 시간이길 바라. 내가 다른 사람들보다 더 잘 할 수 있는 것은 너희들이 지금 겪고 있는 과정을 미리 겪은 사람으로서, 함께 공감해주고 들어주는 것, 그리고 함께 편안하게 고민을 나눌 수 있는 것, 이것뿐이야. 이 수업이 스트레스가 아닌 함께 힐링이 되는 시간이었으면 좋겠다!"

그리고 수업을 하다 보면 학교 생활에 흥미가 없는 학생, 미래에 대한 불안감을 가지고 있는 학생, 여러 가지 고민으로 얼굴이 어두운 학생들도 종종 눈에 보인다. 그래서 요즘에는 이런 권면의 말들을 꼭 한다.

"이 학교를 통해 배워가는 부분들은 분명히 다 달라. 나는 이우 공동체에서 참스승을 만났고, 좋은 사람들을 사귀었고, 내 진로와 비전을 조금 더 확고하게 가질 수 있었어. 그런데 이런 부분이 아

닌 인권이나 생태, 또 자신의 가치관 성립, 공동체생활의 중요성 등 많은 다른 면들을 배워 삶에 적용시켜 생활하는 친구들도 많고 또 다른 부분을 느끼고 경험한 친구들도 많아. 이렇게 모든 사람들은 같은 곳에서 함께 생활을 해도 느끼고 배워가는 부분이 다 다르다는 거야. 그러니 너희들도 지금 조금 힘들고, 앞으로가 걱정되고 할지라도 지금 현재 누릴 수 있는 부분을 최대한 누리고 최선을 다해 경험해보려 하고 생활한다면 나중에 분명히 자기 자산으로 남을 만한 무언가가 있을 거야. 지금의 생활이, 그리고 지금까지의 경험이, 또 앞으로의 생활이 모두 아무런 의미가 없는 필요 없는 시간들이 절대 아니야. 알았지?"

사실 나는 이러한 이야기들을 아이들에게 하면서 또 나 자신에게도 하고 있다. 지금까지 경험해왔던 모든 시간들, 정점의 순간부터 빙글빙글 혼란의 시간을 지나 다시 새로운 삶을 경험하고 있는 지금까지. 이 모든 과정들이 헛되지 않았다는 것, 이 모든 시간들이 내가 다른 사람들에게 높이 솟은 산이 아닌 오름직한 동산이 되기 위한, 정말 다양한 사람과 소통하고 또 내가 받은 은혜를 그들에게 흘려보내기 위한 귀한 준비 과정이었다는 사실을 매일같이 생각하고 감사하려고 노력하는 중이다.

분명히 나에게는 롤러코스터의 짜릿함, 어지러움, 안정의 순간이 계속 반복될 것이다. 하지만 이제는 그 시간들이 두려움도 있지만 설렘과 약간의 기대도 있다고 해야 할까. 앞으로 나에게 올 시간들을 이제는 조금 더 대담하게 맞설 준비를 하며, 나를 통해서 이루어질 그 비전들에 대한 기대감으로 오늘을, 그리고 내일을 살아가려 한다.

선택과 집중,
내가 나아가는 법

한강의 찬바람이 매섭게 불어오는 하루였다. 한 낮임에도 한강 변에는 인적도 드물고 전신을 꽁꽁 싸맨 사람들만이 거닐고 있었다. 어렴풋이 들려오는 캐럴소리 그리고 살얼음이 낀 한강변 산책길이 겨울임을 알려주고 있었다. 여름이 지나간 것도 얼마 되지 않은 것 같은데 이제는 한강 다리 위에서 칼바람을 이겨내는 것이 걱정거리가 되었다. 여름의 무더위에 겨울이 빨리 오기만을 기다렸던 나지만 이렇게 추울 줄 알기나 했을까.

나는 더운 날씨에는 더운 곳에서 일해야 하고 추울 때는 추운 곳에서 일해야 한다. 여름에는 땀이 비 오듯 흐르기도 하고 겨울에는 손발이 꽁꽁 얼어붙어 발을 동동 구르곤 한다. 참 힘들고 어려운 환경이지만 이 직업을 택했다는 후회보다는 오히려 선택하길 참 잘

했다는 생각을 하곤 한다.

교량 위의 마에스트로

나는 삼성물산 건설부문에서 토목 엔지니어로 일하고 있다. 그리고 지금은 한강의 마지막 다리인 월드컵대교 현장에서 구조물 공사를 담당하고 있다. 한강 한가운데 교각을 세우고 그 위에 차들이 다닐 수 있는 도로를 만드는 것이 주요 공사 내용인데, 보기에는 쉬워보여도 실제로는 여간 복잡한 게 아니다. 한 가지 예를 들어보자. 우리가 흔히 건너는 교량을 받치는 기둥 '교각'을 짓는 것을 상상해보자. 교각은 교량의 하중과 통행하는 차량의 하중, 바람과 지진의 영향 등을 고려하였을 때 가장 안전한 구조물이 되어야 한다. 때문에 튼튼한 기초가 필요한데, 그렇기 때문에 육상에서는 땅을 파서 혹은 구멍을 뚫어서 암반층까지 기초를 설치하는경우가 많다. 그런데 만약 수상에 설치해야 한다면 어떻게 할까?

흐르는 물을 막고 시공 할 수 있겠지만 그만큼 돈이 많이 들고, 그렇다고 물 위에 기초를 만들 수 있는 방법도 없다. 어떻게 기초를 만들었다고 해도 교각을 설치하기 위해서는 근로자들이 어떻게 작업해야 할지, 건설기계들이 어떻게 투입되어야 할지 고려해야만 적절한 '가격'에 근로자의 '안전'과 구조물의 '품질'을 지키면서 만들 수 있는 것이다. 이러한 구조물 하나하나가 모여서 결국 우리가 이

용하는 '교량'이 된다. 내가 피땀 흘려 만든 이 구조물이 훗날 시민
의 발이 된다면 얼마나 뿌듯하겠는가. 아무것도 없는 허허벌판에
서 내가 만든 구조물이 들어서고, 그 구조물이 결국 시민들이 이용
하는 도로, 철도, 항만, 공항 등으로 탈바꿈되는 것이 얼마나 보람

찬 일인지 겪어 보지 않은 사람은 모를 것이다.

실제로 나는 판교에서 여주를 잇는 경강선 현장에 있었다. 일도 굉장히 바빴고 힘든 나날의 연속이었지만 준공을 하고 그 노선을 이용하는 시민들을 보면서, 준공석에 적혀 있는 나의 이름을 보면서 그 성취감과 보람은 이루 말 할 수 없는 것이었다. 이러한 성취감과 보람은 나에게 이 직업에 좀 더 열심히 종사하도록 동기부여를 해준다. 내가 하고 있는 이 일이 충분히 가치가 있고, 고생 끝에는 그것을 뛰어넘는 보상이 있다고.

역사 덕후, 고등학생 도재현

건설업에 종사하는 것이 천직이라고 생각하는 나도 처음부터 건설 쪽 일을 하고 싶지는 않았다. 중학교 시절부터 일본의 역사왜곡, 중국의 동북공정, 친일파의 잔재인 식민사관에 굉장히 관심이 많았다. 처음에는 분노했고, 다음에는 진실을 바로잡지 못함에 탄식했으며, 그 다음은 배우고 가르쳐야겠다는 생각을 했었다. 그래서 나의 꿈은 역사를 가르치는 선생님이 되는 것이었다.

이우고등학교에 들어와서도 나는 역사 선생님을 꿈꾸었다. 그래서 역사답사 동아리 〈내발디딤〉 활동을 하였고 수능 과목도 국사, 근현대사, 세계사 세 개 과목으로 모두 역사 과목이었다. 하지만 역사 교사의 길로 갈 줄만 알았던 나의 인생에도 반전이 있었으니, 그

것이 바로 우연히 접하게 된 '해비타트' 활동이었다.

내 인생의 반전, 해비타트 활동

해비타트와의 첫 만남은 우연의 일치였다. 1학년 쯤 NGO 수업이 있었는데 수업의 일환으로 NGO 체험 활동을 하는 과제가 있었다. 당시 NGO의 N자도 모르는 나로서는 막막하기만 했는데, 어떻게 알았는지 친구 녀석이 해비타트를 해보자고 했다. 처음에는 탐탁지 않았지만 몸 쓰는 일이라면 자신이 있었던 터라 흔쾌히 친구를 따라 태백으로 향했다. 강원도는 가봤지만 태백이라는 산속 조그마한 도시에는 처음 가보았던 나였고, 그곳에서 집이 없는 사람들이 사람다운 삶을 살 수 있도록 '주거'를 도와준다는 점도 마음에 꼭 들었다.

그렇게 건축 봉사를 처음 시작하고 그 활동이 이어져 해비타트 동아리 활동까지 이어지게 되었다. 어느 덧 나는 건축이라는 분야에 흠뻑 빠져 있었고 집을 인도받을 때 입주자 분들께서 고마워하는 모습을 보면서 보람을 느꼈고 차츰 이게 내 적성에 잘 맞을 수도 있겠다는 생각을 했다.

그렇게 어느 덧 시간은 흘러 고3이라는 시기가 다가오고 있었다. 공부와는 맞지 않던 나였지만 고3이라는 압박감이 들면서 무작정 공부를 시작했다. 늦게 시작한 공부에다 처음에는 지지부진해서 이

렇게 하는 게 맞나 하는 생각이 들었지만 꾸준히 공부하려고 노력하였다. 그 결과 세 개의 역사 과목도 성적이 올랐지만 수학 부분에서 더 성장할 수 있었고 더욱 공부하는 재미를 느낄 수 있었다. 나는 결국 역사 선생님이라는 문과계열에서 180도 틀어진 이과계열 건설공학부로 진학하게 되었다.

문과 출신인데 공학 학사가 가능할까?

건설공학부는 엄연히 이공계였기 때문에 수학Ⅱ를 접해보지 않은 나로서는 사실상 백지에서 시작하는 것과 다름이 없었다. 처음

보는 미적분학, 선형대수부터 물리와 수학이 얽혀 있는 공학까지 쉽지 않은 과정들이었지만 고등학교 때부터 혼자서 공부하는 방법에 익숙해졌기에 점차 진도를 따라잡을 수 있었다.

어렵긴 했지만 그 과정에서 공학이라는 학문에 재미가 든 것 같다. 내가 해비타트 활동을 통해 지어왔던 건물들이 어떠한 원리로 설계가 되고 어떤 것들을 검토하여 만들어지는지 원리를 알아간다는 것이 즐거웠다. 생각해보면 내가 내 진로를 정해놓고 나 스스로 우물 안에 가두고 있지는 않았나, 세상을 좁게만 본 게 아닌가 했다. 또 우연히 접한 경험들이 내 미래에 상당한 영향을 미친 것도 자신을 돌아보게 되는 계기가 되었던 것 같다.

대학 생활이 적응되고 어느덧 2학년을 앞두고 있을 무렵 한 가지 고민이 있었다. 처음부터 꿈꿔왔던 역사 선생님의 길을 찾아 전과를 할 것인가 아니면 흥미가 있고 적성이 맞는 건설공학 계열을 유지할 것인가였다. 이 고민은 20대 초반 가장 중요한 선택인 군 입대와도 연결된 것이었다. 전과를 하고자 하면 1학년을 마치고 일반 병사로 입대하여 전역 후 전과하고자 했고, 건설공학 계열을 생각하면 당시 주변 분들의 조언으로 고민하던 ROTC로 군 생활을 하고자 했다. 장고 끝에 결국 건설공학 계열을 택하게 되었고 네 가지 검증(성적, 체력시험, 필기시험, 면접)을 거쳐 ROTC 후보생 합격을 통보받을 수 있었다. 방학 동안 훈련하는 것은 힘들었고 해외 한 번 나가는 것도 제한이 되었지만 인내의 시간 끝에 대한민국 육군 공병 소위로 임관하게 되었다.

6개월 간의 태양의 후예 체험기

소위로 임관 후 배치받은 부대는 사령부 예하 직속 공병단이었다. 때문에 각종 재난으로 피해를 받은 국가의 피해 복구를 위해 UN에 파병되곤 했는데, 때마침 내가 속한 부대가 모체 부대로서 대부분의 간부들이 파병에 동원되게 되었다. 당시 나는 6개월도 안된 막내 중의 막내 신참 소위였지만 공사 수행 경험, 모체 부대라는 특수성 때문에 선발되었다. 덕분에 2년 4개월이라는 군 생활 기간 중 6개월이라는 시간 동안 UN MINUSTAH 소속으로 아이티 지진 피해 복구 임무 수행을 위해 파병되었다.

파병 생활은 쉽지 않았다. UN 파병 특성 상 다양한 국가에서 온 군대와 함께 임무를 수행해야 했고, 특히 인프라 하나 갖춰지지 않은 오지에서 가족과 떨어져 변변치 않은 보급으로 버티는 것은 쉽지 않았다. 6개월이라는 시간이 1년, 2년 마냥 늦게만 흘러갔고 처음에는 의욕이 충만했던 간부들과 병사들이 점점 지쳐가고 이기적으로 변해가는 것을 볼 수 있었다. 나 또한 예외는 아니었다. 하루하루 작업은 고되었고 담당 아래 있던 병사들끼리의 다툼과 윗사람들의 이해할 수 없는 지시들이 끊임없이 나를 괴롭혔다. 마음은 피폐해졌고 임무에 대한 사명감도 점차 흐려갔지만 초심은 잃지 말자고 항상 다짐했다. 하지만 이때 겪었던 경험들이 마냥 부정적이지만은 않았다. 돌이켜 생각해보면(당시에는 그렇게 생각하지 않았지만) 외국인들과 협업하면서 외국어에 대한 중요성을 알 수 있었고, 병사들과 생활하면서 리더십을, 손윗사람들을 대하면서 사회생활이 무엇인지 직간접적으로 경험할 수 있었다.

100년 같았던 1년간의 절차탁마

시간이 흘러 2013년 여름 무더위가 오기 전 나는 전역을 앞두고 있었다. 상반기 취업 시장에 몸을 던져 내가 이 사회에 필요한 인재라는 것을 온몸으로 증명해내야만 했다. 이때까지 나는 인생에 있어 큰 실패는 해본 적이 없었다. 학교의 진학, 이공계의 적응, ROTC라는 선택과 파병까지 계속된 성공으로 막연히 취업도 잘될 것이라는 생각이 있었던 것 같다. 이 막연한 믿음 때문에 공부와 취업 준비보다는 친구들을, 책보다는 놀이에 초점을 맞췄던 것 같다. 재밌는 점은 전역하는 6월 전인 4월까지는 취업 시장에서도 승승장구했다는 것이다. 4월까지 이어진 자소서, 학점 기반의 서류전형까지는 잘 통과했으나, 5월부터 시작된 본격 검증 기간인 인적성 검사, 면접은 생각한 것만큼 쉽지 않았다. 나보다 간절한 사람은 훨씬 많았고, 나보다 실력이 있는 사람은 더더욱 많다는 것을 직감하면서 첫 번째 취업 시즌을 허무하게 보냈다. 첫 번째 실패의 고배는 나에게 참 크게 다가왔다. 자신감이 넘쳤던 나였지만 같은 동기들은 취업하고 나는 취업하지 못했다는 점에서 자신감도 떨어지고 상대적으로 위축되었다. 일종의 자격지심도 있어서 친구들과 만나

는 것도 꺼리게 되고 '내가 이 친구보다 못한 게 뭐야!' 하고 억울
해 하기도 했었다.

잠깐의 방황 끝에 내가 이렇게 힘들고 억울해 한들 취업 시장에
서 살아남을 수 없을 거라는 결론에 다다랐다. 정확히 내 약점이 무
엇인지 알고 이 약점을 보완해야지만 취업 시장에서 살아남을 수
있을 거라 생각했다. 내가 떨어졌던 분야들은 명확했다. 인적성은

시간 내에 풀지 못했고, 면접에 대한 준비, 전공 지식에 대한 준비, 영어 등등 전반적인 분야에서 평균보다 아래였다. 취업 사이트에서 접한 합격 스펙 그리고 인적성, 면접을 통해 느낀 내 실력과 수준을 직감할 수 있었고 이런 것들을 보완하지 않으면 다음 기회도 장담할 수 없겠다는 생각이 들었다. 때문에 영어 회화를 학습하고 취업 스터디 가입, 인적성 학습 등 꾸준히 노력을 이어갔다.

마침내 두 번째 취업 시즌이 다가왔다. 그간 준비한 내 실력을 바탕으로 지난번의 실패를 만회할 수 있을 거라 자신했다. 하지만 현실은 만만치 않았다. 첫 시즌 내가 서류를 통과했지만 인적성과 면접에서 실패했던 기업들은 나를 서류 통과도 시켜주지 않았고, 다른 기업들은 서류, 인적성까지는 통과했으나 최종 면접에서 결국 고배를 들었다. 처음부터 내가 잘 준비했었더라면 하는 후회와 함께 이번에는 인적성까지는 모두 통과했으니 다음에는 면접까지 붙어 보이겠다는 다짐을 했다.

세 번째 취업 시즌은 그야말로 암울한 분위기였다. 2014년 상반기 취업 시장은 글로벌 경기 악화로 최악으로 치닫고 있었고, 신입사원 채용 공고조차 얼마 올라오지 않았다. 하지만 지난 두 번의 취업 준비 경험과 그동안의 노력을 바탕으로 당시 도급 순위 1위인 삼성물산 건설 부문에 입사할 수 있었다.

수십 번의 실패 끝에 성공을 맛보게 해준 취업이란 고비는 내 인생에 매우 효과적인 예방주사였다. 성공에 도취되어 자만해서는 안 되고 항상 겸손하되 약점을 끊임없이 찾아내어 보완해 나가야만 내 가치가 올라가고 성공할 수 있는 가능성이 높아진다는 것을 깨달을 수 있었다. 이러한 경험을 바탕으로 삼성그룹 신입사원 교육인 SVP에 임했고 해당 기수 1등으로 수료할 수 있었다.

'1등'이라는 타이틀은 내가 현업에 가서도 잘할 수 있을 것이라는 큰 자신감을 주었다. 이를 바탕으로 현업에 투입되기 전까지 좋은 평가를 받을 수 있었고 당시에 가장 큰 현장이었던 호주 현장에 배치받게 되었다.

2014년 11월 27일 내 생일 하루 전이자 남반구에 있는 호주의 여름이 한창인 날 나는 서호주 퍼스에 도착했다. 조 단위의 큰 프로젝트였기에 이 프로젝트 경험을 기반으로 회사에서 승승장구하기만을 기대했다. 그러나 몇 달이 채 지나지 않아 갑자기 청천벽력 같은 소식이 전달되었다. 프로젝트의 손익이 좋지 않으니 귀국을 하라는 얘기였고 반년도 채우지 못한 나는 한국에 돌아올 수밖에 없었다. 엎친 데 덮친 격으로 남은 현장들은 내가 꿈꾸었던 기술직 시공관리자 자리는 없고 안전관리자 자리만 있어 안전기사 자격이 있는 내가 꼭 가주었으면 한다고 했다.

내가 꿈꿔왔던 기술직 시공관리자 직무도 아니었고, 메가 프로젝트에서 승승장구하고 싶었던 나에게는 '너는 그냥 부품일 뿐이야'라는 소리로 들렸다. 선택지가 없었던 나는 결국 주어진 상황을 받아들이고 경강선 현장에 안전관리자로 투입되었다.

어렵게 들어왔고 여기서 성공하고 싶었던 터라 마음에 들지 않는 현장과 직무였지만 열심히 하고자 했다. 업무에 대해서 모르면 법규와 회사 매뉴얼을 찾아보면서 공부와 실전을 반복하며 실력을 쌓아나갔다. 그 공로를 인정받아 2년차에는 당해 최고의 안전관리자에게 수여하는 SAFETY CHAMPION 수상을 할 수 있었다.

다시, 꿈을 찾아서

하지만 나는 안전관리자 직무에 멈춰 있고 싶지 않았다. 내가 원래 바라던 직무는 지금의 직무가 아니었고 내가 보람을 느끼고 정말 잘할 수 있는 것은 시공관리자라고 생각했다. 그래서 인정을 받으면 받을수록 내가 '하고 싶은 일'에 대해서 윗사람들에게 얘기하기 시작했다.

결국 이러한 노력들을 바탕으로 지금의 현장인 월드컵대교 현장에 배치되었고, 내가 바라는 직무인 시공관리자 직무를 수행하게 되었다. 연차도 쌓여 '대리급' 연차가 되었고, 아무것도 모르는 상태에서 처음부터 시작해야 하지만 시공관리자라는 직무를 수행한다는 것만으로도 가슴이 벅찼다. 드디어 어려서부터 꿈꿔왔던 무에서 유를 창조하는 직무를 맡게 된 것이다!

Staff 조직인 안전관리자에서 Line 조직인 시공관리자가 된다는 것은 쉽지 않은 일이었다. 프로젝트를 수행하는 주요 직무이고, 다른 부서들과 협업해야 할 일도 많았다. 단순히 무엇을 짓는 것이 아니라 다양한 이해관계를 풀어가야 하고 검토하고 고려해야 할 부분들도 많아졌다. 힘든 일도 많았고 내가 상상했던 모습과는 다른 모습이었지만 무엇인가를 만들어 사회에 공헌한다는 본질은 다르지 않았다. 차츰 완성되어가는 교량의 형상을 보면서 왠지 모를 뿌듯함이 생겼고, 업무로 인한 어려움을 겪을 때마다 내가 헤쳐나갈 수 있는 힘이 되었다.

다시 만난 해비타트, 베트남 해외봉사

조금 다른 얘기인데, 최근 학창시절에 열심히 활동했던 해비타트가 빛을 발하는 순간이 있었다. 회사에서 사회공헌 활동의 일환으로 베트남에 해비타트 건축 봉사를 가게 되었고, 해비타트 경력이 있었던 내가 선발된 것이다. 해비타트 활동을 다시 할 수 있다는 것만으로도 설레고 좋았지만 경험이 가진 힘을 느끼며 우연히 하게 된 일, 어쩔 수 없이 하게 되는 일이라도 성의껏 최선을 다해야겠다는 생각을 했다.

회사에 입사하고 6번째 겨울을 맞이한 나는 초보 시공관리자이다. 우연히 접하게 된 해비타트 활동으로 하고 싶은 직업에 대해 생각하게 되었고, 취업 시즌의 아픔과 회사 사정으로 인한 직무 변경 등으로 굴곡도 있었지만 나는 지금 이 자리에 있다. 앞으로 마음먹은 대로 되지 않아 좌절하고 또 다른 실패가 찾아올지도 모른다. 하지만 그 경험을 발판 삼아 꾸준히 노력한다면 무엇인가를 이뤄나갈 수 있다는 자신감이 생겼다. 아직은 사회 초년생인 만큼 자신감을 가지고 열심히 나아가보고자 한다. 30년 후 겨울에는 인생을 돌이켜보며 웃을 수 있는 내가 될 수 있도록.

#2
___

©이주환

나는 나 자신,
그리고 누군가의 벗

나 자신에게 끝없이 질문하는 삶

이우학교에서의 첫 학급 자치 시간을 잊을 수 없다. 회의의 주제는 '망가진 창틀.' 아이들이 교실 문이 아니라 창문으로 넘어다니며 창틀을 밟아댄 탓에 창틀이 망가져버린 것이다. 그것을 두고 몇 시간씩 이야기했다. 왜 우리는 창문을 넘어 다닐 수밖에 없었나, 왜 우리는 정해진 문으로만 출입해야 하나, 창틀을 밟지 않는다면 창문으로 넘어 다니는 것은 괜찮은가 같은 문제 제기부터 시작해 창문 앞 땅에 꽃을 심어서 못 다니게 하자, 꽃보다는 벼를 심자, 창틀 앞 땅이 벼가 잘 자랄 수 있는 환경인지 조사해보자까지….

해외통합기행을 준비하며 필리핀의 쓰레기 섬에서 살아가는 아

이들 이야기를 듣고 눈물을 흘릴 때, '눈물의 의미'를 두고 긴긴 시간 고민하며 이야기를 나눴던 순간도 잊을 수 없다. 우리의 눈물은 어떤 감정에서 시작된 것일까. 공감일까, 연민일까. 연민이라면 은연중에 그들의 삶을 우리보다 못한 것으로 평가하고 있는 것은 아닐까. 그렇다면 우린 그들을 어떻게 바라보아야 할까.

이우학교에서의 나날들은 치열한 고민과 대화로 이루어져 있었다. 어느 것 하나 간단하게 넘어가는 적이 없었다. 사소해 보이는 것도 결코 사소하지 않게 다뤘다. 당연하게 생각하던 것에 대해 계속 질문하고 다시 생각해보는 것이 일상이었다. 내가 이우학교에서 가장 크게 배웠다고 생각하는 것이 이거다. 끊임없이 나와 세계에 대해 반추하고 질문하면서 고민하기를 포기하지 않는 것.

질문과 고민의 대상은 수없이 나 자신이기도 했다. 누구도 대신 답해줄 수 없는 질문이 매일같이 쏟아져 내렸다. '나 자신에게로 가는 길이 가장 어려운 길이래. 그래서 이우학교에서의 시간이 힘들었나봐.' 이우학교 복도에 새겨진 졸업생 친구의 글귀를 보니 아마 그런 질문을 받아낸 사람이 나뿐만은 아니었던 모양이다. 나는 무엇을 좋아하고 잘하는 사람일까. 나 혼자가 아니라 더불어 산다는 건 구체적으로 뭘까. 내가 살고 싶은 삶은 어떤 삶일까. 내 삶에서의 대안은 어떻게 펼쳐질 수 있을까. 그 삶은 어떤 의미가 있을까. 끝없이 내가 살아갈 삶의 모양에 대해 상상했다. 누구도 대신 답해줄 수 없었다.

하지만 고3이 되었을 때 그 질문은 좀 더 명료하게 바뀌었다. '어떻게' '살아야' 하는가의 질문은 '무엇이' '되어야' 하는가로 바뀐 것이다. 무엇이 되기 위해서 나는 무엇을 해야 할까. 이 질문에 대해서는 누군가 대신 답해줄 수 있기도 했다. 내 특기와 적성과 성적을 고려해서, 어떤 대학의 어떤 과를 가는 것이 좋지 않겠느냐는 이야기를 여기저기서 들었다. 무엇이 된 사람은 주로 이런 대학에서 이런 공부를 했다고 하면서.

고3이 되면서 그 전의 고민을 모두 어딘가로 밀어두고 대학 입시에 매진하기 시작했다. '나'에 대한, '삶'에 대한 고민이 채 끝나기도 전에 나는 빠르게 '나'의 꿈을 정리하고 그것을 확신으로 바꾸어갔다. 더 많은 시간이 필요하다는 생각조차 하지 못했다. 스무 살에 대학생이 되지 않으면 영영 뒤쳐진다는 생각에 큰일이라도 날 듯 불안감과 초조함에 쫓겼던 나날이었다. 입시라는 거대한 벽 앞에서 새로운 돌파구를 찾아내거나 대안적인 삶을 창조해내지 못했다는 자괴감이 더해져 마음이 무거웠다. 이전처럼 몇 시간씩 친구들과 이야기 나눌 틈이 없어 틈틈이 나눈 이야기들 속에서는 이런 질문들이 오고 갔다. 대학을 안 가는 게 대안적인 삶인 건가? 제도권 바깥에서 소속감 없이 방황하는 게 대안적인 거야? 근데 너는 그걸 왜 방황이라고 보는 거야? 각자 저마다의 책상 앞으로 흩어지면서 우리의 질문도 흩어져버리는 날이 많았다.

졸업식 날, 졸업식에 가지 않았다. 졸업식에 가면 진짜로 이우학교와 이별한다는 것을 공식적으로 인정하는 것처럼 느껴졌기 때문이다. 정확히 말하면 학교를 떠나 학교 바깥으로, 사회로 나가야 한다는 것을 마주하기가 겁났기 때문이다. 3년 내내 연극을 사랑했고 그토록 바라던 극작과에 진학한 상황이었는데도 설레지가 않았다. 대학에 진학하지 못한 친구들의 초조함과, 대학에 진학하지 않기로 결심한 친구들의 외로움 때문이기도 했을까. 무언가 찜찜했다. 대학에 진학하지 않아도 자신만의 길을 개척해서 (어떤 방식으로든) 성공에 이르거나 사회에 지대한 영향력을 미치는 스티브 잡스 같은 인간이 되어야만 할 것 같은, 그러지 못하면 제도에서 밀려난 실패한 찌질이로 살 것 같은 새로운 부담감을 함께 떠안고 있었던 사람으로서 가지는 찜찜함이었다.

졸업식에 가는 대신 그날 밤 일기장에 친구들에게 편지를 썼다. '세상이 정해놓은 좌표와 내가 서 있는 좌표가 한참 멀더라도 그 자리에서 힘차게 깜빡거리자. 내 사랑하는 친구야, 우리들 각자의 변화기가 찾아올 때 신나게 축하를 하자.' 서로가 서로의 좌표에서 빛나고 있음을 자주 확인해주길 바랐다. 살아가면서 그 좌표가 어떻게 움직이며 아름다운 선을 만들어내는지 지켜보며 그것을 응원하며 살기를 바랐다. 그런 마음으로 스무 살을 맞았다.

지금의 내가 돌아보는 스무 살의 나는 어떻게 그런 확신에 차 있었을까. 그때의 나는 대학로를 걸으며 연극에 내 평생을 던져도 여한이 없다고 말한다. 내가 쓴 작품이 무대 위에 올라가는 날이 올 거라고 큰 소리로 선언한다. 연극이 아닌 다른 길은 상상조차 하지 못한다. 지금의 나는 그때의 내가 상상조차 하지 못했던 다른 길 위에 있다. 모든 게 확신에 찼던 그때와는 다르게 삶에 대해 어떤 것도 호언장담하지 못한다. 스무 살의 내가 상상한 것과는 전혀 다른 삶을 지금의 내가 살고 있으니까. 앞으로도 그럴 것 같아서.

극작과를 졸업하고 극단에서 일하며 모은 돈으로 4개월간의 인도 여행을 떠나면서 나는 연극으로부터, 작가의 삶으로부터 빠르게 벗어났다. 극작과 입학 첫날 어느 노 교수는 말했다. 졸업할 때가 되면 알게 된다고. 내가 쓰고자 하는 열망만 있을 뿐 쓸 것이 없는 사람인지, 아니면 써야만 하는 것이 있는 사람인지를. 전자는 행복한 사람이라고 했다. 어느 길로든 자유롭게 가벼운 맘으로 떠날 수 있다고. 하지만 후자는 불행한 사람이라고 했다. 자신처럼 평생을 창작의 고통 속에서 살아야만 하니까. 졸업할 때 즈음 나는 다른 길을 향해 떠나야만 하는 사람임을 알았다. 그것이 전혀 슬프지 않았다.

누군가는 졸업을 하고 취업을 준비하거나 취업 전선에 이미 뛰어든 상황에서 4개월이라는 시간을 인도에서 보낸다는 것은 쉽지 않은 일이기도 했다. 대학생이라면 누구나 가는 배낭여행이니까 한 번쯤은, 이라는 생각과 될 대로 돼라는 식의 마음이 엉켜 있었다. 만약 그 4개월이 없었다면 어땠을까. 나에게 주어진 일상과는 전혀 다른 차원의 여유로운 시간을 거닐면서 그때서야 비로소 열아홉에 미뤄두었던 질문을 다시 던졌다. 어떻게 살아가야 할까. 질문 끝에 나는 예술, 교육, 공동체라는 세 가지 키워드를 건졌다. 뭔지는 모르겠지만, 그 세 가지를 탐구하고 구현할 수 있는 삶을 살고 싶었다.

　구체적으로 한국에 돌아가면 문학을 공부해보리라고 생각했다. 창작자로서가 아닌 독자로. 관심 있게 지켜보던 이태원의 대안 주거 공동체 '빈집'을 필두로 여러 공동체를 기웃거려보기로 했다. 고3 때의 초조하고 번잡했던 마음과 달리 충분한 시간을 가진 뒤여서인지, 이젠 조금 차분하게 내가 공부해보고 싶은 것을 위해 매진해봐도 될 것 같았다. 매일 같은 시간에 책을 펴고 잠이 드는 일상이 그리 싫지 않았다. 무언가가 차곡차곡 쌓여가는 일상이 만족스러웠다. 바라던 학교의 국문학과에 진학했고 새로운 학문을 정

신없이 접하며 시간이 흘렀다. 다시금 무엇이 될까가 아닌 지금 이 순간 나는 무엇을 하며 살고 싶은가 질문했다. 교육이라는 테두리 속에서 문학을 깊게 연구해보고 싶었다. 그렇게 대학원을 진학하고 대학원을 졸업할 때 예술, 교육, 공동체라는 키워드를 구체화 한 것이 '교사'로서의 삶이었다. 처음부터 무엇이 될까에 대한 답으로 교사를 목표로 했다면 지금의 나는 교사가 되었을까. 잘 모르겠다. 더 효율적이고 더 빠르게 교사가 되었을 수는 있겠다. 그런데 예술, 교육, 공동체를 지향하는 교사가 되었을지는 잘 모르겠다. '나에게로 가는 길이 힘들고 괴롭다'는 친구의 말이 어떤 의미인지를 뒤늦게나마 마음 깊이 이해하는 교사가 되기는 더더욱 어려웠을지도 모르겠다.

나 아닌 존재에게 내 몫의 마음을 내어놓는 삶

고민하고 질문하기를 포기하지 않는 것은 비단 '나'만을 향한 것만이 아니었다. 그것이 이우가 나에게 알려준 또 하나의 중요한 삶의 태도였다. 나는 어떻게 살아가야 할까, 나는 지금 이 순간 어떤 선택을 원할까, 내 삶의 중요한 가치는 무엇일까를 고민할 때 동시에 나와 함께 살아가는 사람들의 삶이 곁에 있음을 잊지 않는 것이 중요했다. 그래서인지 이우학교에 있는 동안 때론 내가 짊어진 다른 이들의 삶이 너무 크다고 여겨 버거울 때가 많았다.

꽃이 뭉개지고 곤충이 죽을까봐 살금살금 걸어보면서도 여전히 산적해 있고 해결될 기미가 보이지 않는 환경 문제에 대해 생각하면 가슴이 갑갑해졌다. 평택 미군기지 이전 반대 집회에 나가 노래를 부를 때에도, 집 주변의 판자촌이 철거된다는 소식에 친구들과 판자촌 철거 문제에 대해 캠페인을 벌일 때에도, 빈곤의 문제, 세계 각지에서 여전히 일어나고 있는 전쟁, 소수자에 대한 차별의 문제에 대해 듣고 보고 이야기해야 할 때에도. 나는 여전히 많은 것을 누리고 살고 많은 것을 짓밟고 살아가고 있는 것 같아서 괴로웠다. 옆 친구의 스러져가는 마음을 어떻게 보듬어야 할지 밤새 뒤척이던 날에는 살아 숨 쉬는 것 자체가 괴로울 때가 많았다.

이우학교를 졸업하고 새로운 사회에 발을 내딛기 시작하면서, 또 '나'의 삶에 집중하기 시작하면서 나는 은연중에 이우학교로부터 벗어나고자 했던 건 아닌가 싶다. 세상의 모든 고민을 짊어지고 버거워했던 것도, 끝없이 나에 대해 드러내야 했던 것도, 또 나에게 드러난 너를 받아내야 하는 것도. 당장 해결될 수 없는 문제에 매달려야 했던 것도, 정당한 분노에 대해서 세상이 알아주지 못하는 것 같아 외로웠던 것도, 참을 수 없는 무기력도 모두 이우와 함께 겪었던 날들의 것이었다. 졸업하니 그런 것들이 뭐랄까 좀 지긋지긋하고 구질구질하게 느껴졌다. 마음, 고민, 눈물, 연대 이런 단어는 이제 좀 그만. 이우의 바깥엔 그런 무거운 것 말고도 쉽고 즐겁고 적당히 정의롭고 우아한 길들이 많았다. 팬시리 지난 날들이 억울해지는 순간이었다. 이제부터라도 적당히 적당히 살아야지. 그런 결심을 자주 했다.

　그럼에도 이우가 나에게 가르쳐준 것, 그러니까 끝없이 나와 함께 살아가는 존재를 의식하고 헤아리는 마음과 적당히 적당히 살려는 내 마음은 자주 실랑이를 벌였다. 이전처럼 집회에 나가고 싶지 않다고 마음먹으면서도 홀로 집회를 이어가는 한겨울 명동성당 앞에 선 어느 노동자에게 뜨거운 베지밀을 사서 쥐어주고는 도망쳐버리는 식이었다. 온몸으로 아픈 마음을 드러내는 친구의 모습을 보고도 나도 마음의 여유가 없고 당장 해결해야 할 일이 많아 미안하다고 말하면서도 늦은 밤 뒤척이다가 전화를 걸어보는 식이었다. 친구들과 만나 취업, 사회생활, 저축, 휴가, 연애, 결혼 같은 이슈로 신나게 이야기를 하면서 마치 이우학교 때 우리가 그밖의 것들을 고민한 적이 있었거나 했는지 모르겠다고, 그땐 괜히 심각하기만 했다고, 진작 앞가림이나 잘할 걸 그랬다는 자조 섞인 이야기를 나누고 돌아서는 밤에 생각했다. 그래도 나는 내 자리에서 내 몫의 마음을 내지 않으면 살아갈 수가 없게 되었다고. 이우학교가 이우학교일 수 있었던 것은 나 아닌 다른 이들을 살피고 헤아리는 데서 오는 슬픔과 불편함을 가치 있게 여기고 감수하고자 했기 때문이라고. 그것을 3년 동안 몸과 마음으로, 선생님과 친구들과 함께 배워왔기 때문에, 나는 적당히 적당히 살려는 그 순간에도 적당히일 수가 없다고.

나의 길을 가면서도 벗과 함께 걷는 것

2019년 한 해를 이우학교에서 기간제교사로 보냈다. 이우학교에 돌아와 아이들을 만나는 마음은 미묘했다. '나는 두렵다. 어떤 일을 잘 못하고 실패하게 될지. 그 잘못을, 실패를 겪고 살아남을 수 있을까?' (천양희 시인의 '단추를 채우면서'를 읽고 쓴 아이의 글 중) '막상 꿈이나 수능처럼 미래와 가까운 이야기를 들을 때마다 걱정과 불안이 올라왔다.' (정호승 시인의 '산산조각'을 읽고 쓴 아이의 글 중) '돈이 많으면 잘 산다고들 흔히 말하지만 그 사람들 중에서도 분명 잘 살지 못하는 사람들이 있을 것이다. 도대체 어떻게 사는 인생이 잘 사는 인생일까. 앞으로 어떻게 살아가면 좋을까. 끝도 없이 질문들이 쏟아져 나온다.' (서홍관 시인의 '지금은 밤인가-비가2'를 읽고 쓴 아이의 글 중)

이처럼 아이들은 성공에 대한 불안속에서 실패를 두려워하면서도 어떤 삶을 살아가야 할지를 질문하며 14살을 살고 있었다. 내가 지나고 흔들려온 순간과 겹쳐 보일 때는 나도 괴로웠다. 나도 여전히 어려운 걸. 정답을 아는 사람처럼 자신 있게 말할 수 없는 것들이 너무나 많은 걸. 항상 자신 없이 아이들 앞에 서는 사람이어서 아이러니하게도 나는 더 좋은 어른이 되고 싶었다. 답을 알지 못하고 같이 흔들리지만 그래도 비관하지 않고 자기 길을 가는 사람으로 아이들 곁에 있고 싶다는 생각에 휩싸였다. 그래서 외면했던 것들을 다시 마주하고 생각하기 시작했다. 이우학교를 떠나 있는 동안 편하고 적당하게 생각하던 습관을 버리려고 애썼다.

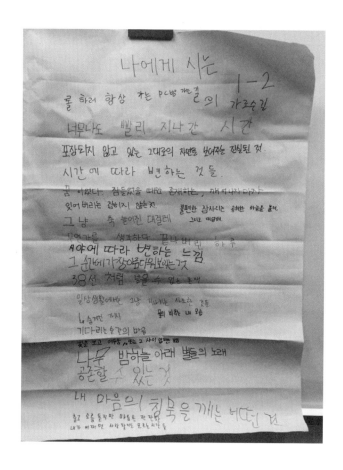

우리 반 아이들에게 두 번이나 보여준 네 컷 만화가 있었다. 〈인삼밭의 고구마〉라는 만화다. 인삼밭에 고구마 하나가 자란다. 인삼도 아니면서 자신을 인삼이라고 생각하고 행복하게 살아가는 고구마를 인삼은 못마땅해한다. '자기가 고구마라는 사실을 알게 돼도 그대로 행복할까?' 그리고 진실을 알려주려고 결심한다. 그렇지 않

으면 인삼으로 태어난 자기 운이 아무 의미가 없어진다면서. 어느 날, 인삼이 비장하게 고구마에게 '넌 고구마야!'라고 알려주었을 때, 고구마는 너무도 즐겁게 외친다. '와, 나는 고구마다!'

　아이들에게 그리고 나 자신에게 늘 말했다. 자기 기준을 갖고 살아가는 것이 얼마나 중요한지에 대해서. 학창시절, 그토록 고민했던 대안적인 삶이 무엇인지 아직도 잘 모르겠지만 지금 내가 생각하는 대안적인 삶이란 건 이런 거다. 세상이 정한 기준이 아니라 자기 기준을 가지고 살아가는 삶. 그러한 힘을 가진 사람들과 모여 공생할 수 있는 삶의 테두리를 늘려가는 삶.

　이십대 초반에는 '어디에 머무르는가' 보다 중요한 것은 '어떻게 머무르는가'라고 굳게 믿었다. 어디서든 '나 하기 나름'이라는 생각이 강했다. 이우를 떠나 이우를 거쳐 온 나를 인정해줄 것 같지 않은 세상에 발을 내딛는 나 자신을 격려하는 말이었으며, 동시에 졸업 후 (그 당시 내 생각으로는) 이우 바깥의 또 다른 이우로만 보였던 무수한 대안 공간을 찾아가는 친구들에게 하고 싶던 말이기도 했다. 졸업했으면 어떤 방식으로든 세상에 나가서 영향력을 끼치면서 세상을 바꾸며 살아야지, 왜 다시 회귀하는 거야. 우릴 알아주는 곳이 아니어도 상관없어. 언제까지 설명과 설득 없이도 우리를 이해해주는 안온한 곳에서만 살 거야. 중요한 건 '어떻게'이지, 나와 익숙한 '어디에'를 찾아가는 게 아니라고!

　지금은 그것만큼이나 '어디에 머무르느냐'의 문제도 중요하다는 생각을 한다. '나 하기 나름'이라는 생각은 때때로 나 자신을, 그리고 아이들을 외롭고 좌절하게 만들지도 모르겠다는 생각이 들었기 때문이다. 1년이라는 짧은 시간 동안 아이들을 만나며 변화한 생각이다. 물론, 이우의 바깥, 경쟁과 성공, 자기 안위가 최우선시 되는 세상에서 이우에서 배운 가치들을 삶으로 살아낼 수 있는 힘을 가지는 것은 중요하다. 하지만 세상의 한가운데에 성공적으로 안착하고 그곳에서 변화를 만들어가는 것만큼이나 변두리의 기준을 가진 사람들끼리 함께 모여 그 변두리를 두껍게 만들어갈 수 있는 것도 중요한 것이라는 생각이 들기 시작했다. 세상에 성공적으로 안착하지 못할까봐, 내 기준과 선택이 나만의 실패로 여겨질까봐 두려워하는 아이들을 보면서 말이다.

그런 아이들에게 정말 필요한 게 뭘까. 이우에서 배운 것들로도 충분히 세상에서 잘 성공할 수 있다고 위로하는 것일 수도 있다. 아주 단순하게는 이우에서 배운 것들이 좋은 대학에 가는 것에 기여할 수 있다고 말할 수도 있는 것이다. 그렇지만 그건 여전히 '나의' 삶이 어떠해야 하는지에 대해, 내 기준과 선택을 만들어가는 것에 대해 고민하는 아이에게는 본질적으로 가닿는 도움이 아닐 것 같다는 생각을 한다. 대학을 가지 않는 아이에게도 여전히 세상의 기준에서 성공한 삶이기를 요구하거나 아이가 스스로 그 기준을 받아들인다면 대학을 가지 않는 것이 '나의' 삶을 사는 것과 무슨 상관일까. 이우에서의 새로운 배움, 새로운 시도와 모험이 세상의 성공에 부합하는 도구가 될 뿐이라면 어떤 의미가 있는 걸까. 그것이 진정 자기 삶을 살고자 하는 아이를 도울 수 있을까.

이런 고민의 끝에서 나는 다시 '벗'을 발견한다. 누군가가 세상의 변두리에서 어떤 기준을 가지고 선택을 할 때 나도 그렇게 생각해, 너를 지지하고 응원해, 우리 같이 그렇게 살자, 말을 건네는 벗. '끼리끼리' 모여 내 선택과 기준이 '개인'의 외로운 여정으로 끝나지 않도록 함께 하는 것이 연대이자 절실한 생존의 방식이라고 생각한다. 어떻게 사느냐 만큼이나 어디에 속해서 누구와 함께 살아가느냐의 문제가 중요하다고 생각하는 이유다.

　그것이 세상에 대한 부적응, 실패로 여겨지는 것이 아니라 새로운 길로 여겨지기 위해서는 그런 연대와 공동체를 만들어가는 것이 너무도 필요하다고 생각한다. 자기 기준을 가지고 그 길을 가는 사람들끼리 서로를 응원하며 서로의 삶에 기대를 품으며 사는 것, 그래서 우리가 외로운 길을 가는 것처럼 느껴질 때도 언제든 벗들과 연결되어 있다는 것을 아이들과 내가 함께 배워가면 좋겠다. 그리하여 지금 이 순간 나는 나 자신, 또 누군가의 벗이다. 앞으로도 언제나. 그것이 벗으로써(以友) 벗과 함께 살아간다는 뜻의 '이우'를 살아내는 나의 방식이다.

용감한 겁쟁이의
이야기

　누군가에게 인생의 좋은 참고가 되거나 귀감이 될 수 있는 사람이란 무엇일까? 한때 위인전이나 '성공하는 사람들의 ○○가지 습관' 같은 책들이 크게 유행했었다. 책에서 이야기하는 사람 혹은 그 습관을 참고하여 살아가면 나도 마치 그런 대단한 사람이 될 수 있을 것 같은 기분이 들게 해주는 책들이었다.

　그런데 지금은 오히려 성공한 사람들의 수기는 책으로 만들어져 수많은 보통 사람들의 삶을 망친다는 이야기가 우스개로 떠돌고, 망한 사람의 이야기를 더 많이 듣고 반면교사 삼아야 한다는 누군가의 강연이 유머로 떠돈다. 성공보다는 어딘가로 고꾸라지지 않기 위해 살아가는 현재 청년 세대들의 현실을 비추어보면 이런 사회적 변화는 의미심장하기까지 하다.

많은 경우가 그렇듯 진실은 중간 그 어디 쯤에 있을 것이다. 다른 사람이 살아온 이야기를 보고 나름대로 내 방향을 정하는 것은 그 자체로 흥미로우면서 어떤 순간에는 큰 도움이 되기도 한다. 더해서 한두 명의 이야기가 아니라 다양한 분야의 다양한 사람들의 이야기를 접하는 것이 균형 있게 생각하는 데에 도움이 될 것이다.

그런 의미에서, 성공한 사람도 아니고 오히려 적당히 소소하게 망한 사람의 이야기를 들어보는 것도 좋은 선택지가 될 것이다.

혼내기 어려운 아이

아이를 키우면서, 학생들을 가르치면서 부모 혹은 선생님들은 다양한 상황에 다양한 기준으로 훈육을 하게 된다. 사람뿐 아니라 반려동물을 교육하는 사람들에게도 훈육의 기준선과 정도가 나름대로 정해져 있다. 이 과정에서 뭐라 설명하기는 어렵지만 이상하게 더 혼나는 타입과 덜 혼나는 타입이 나뉘게 된다. 나는 후자였던 것 같다.

상대방이 문제 의식을 느끼는 선을 잘 간파하고 딱 적당히 그 어딘가를 스칠 정도까지만 행동하는 것은 누군가에게는 눈치가 빠른 것, 누군가에게는 약아빠진 것, 어쩌면 공감과 상황 파악 능력이 훌륭한 것으로 평가받을 수 있겠다. 부모님은 나에게 저런 복합적인 감정을 동시에 느끼셨던 것 같다.

나중에 부모님과 이야기를 나누면서 들은 바로는 시험 기간에 텔레비전을 보면서 누워 있는 내 모습을 보고 '저녁 9시까지 저러고 있으면 한마디 해야지'라고 마음을 먹으면 어느 새 방으로 들어가서 공부하는 척을 한다거나 방이 너무 더러워서 한소리 해야겠다고 마음먹으면 어느 새 방을 살짝 정리해놓고(완벽히 깨끗하게 치우지는 않았지만 혼을 내기 애매한 정도로) 누워 있는 등 묘하게 선을 잘 피해가는 아이였다고 한다.

지금 생각하면 어릴 때부터 겁이 많고 엄살이 심했기에 다치거나, 혼이 나거나, 문제가 되는 상황을 미연에 방지하는 방향으로 생각과 행동이 변해온 게 아닐까 싶다. 모든 일을 적당히 선만 지키면서 대강대강 하게 되면 필연적으로 시간이 많이 남게 된다. 자식의 기질을 잘 파악했기에 교과목 학원을 따로 보내지 않은 부모님의 안목 덕에 더더욱 시간은 넘쳐났고, 별로 혼날 만한 일은 아니지만 딱히 쓸 데도 없는 일들에 꾸준히 매진하면서 학창시절을 보냈다. 문제를 만들지 않는 범위 안에서 마음대로 할 수 있는 것들, 예를 들자면 누워서 공상하기, 곤충 잡으러 다니기, 펜 돌리기, 장난감 팽이 수집 같은…

고등학교 때 음악을 한다며 학교 생활과 학업 전반을 소홀히 할 때에도 큰 사고를 치거나 한 경우는 없었다. 마찬가지로 겁나는 일이 생기지 않는 선을 지켜왔기 때문이었다. 음악을 한다며 밤늦게까지 먼 지역을 돌아다녔지만 학교는 반드시 나갔고(개근했다), 해야 할 과제들을 열심히 하지는 않았지만 빼먹지는 않았다. 해야 할 중요한 것들을 빠르고 적당하게 해버리고 남은 시간에 하고 싶은 쓸데없는 것들을 하는 일상의 연속. 이 버릇은 더 이상 부모님의 훈육을 받지 않는, 30대가 된 현재까지도 나에게 남아 있다.

대충, 이우

이우고등학교에 함께 다닌 선후배들의 이야기를 들어보면 입학 원서를 쓰기까지 다양한 상황과 이유들이 있고 입학을 위해 많은 준비를 해온 것만 같았다. 그 때문에 학교에 다닐 때는 약간 혼란스러운 기분이 들기도 했다. 나는 자아실현, 진로 등에 대해 별다른 깊은 생각이나 이유 없이 지원을 결정했으니까.

중학교 3학년 때 부모님의 소개로 이우학교를 방문했었고, 단편적인 기억으로는 교복과 두발 제한 없이 생활할 수 있다는 점이 가장 큰 장점으로 느껴졌다. 그즈음 담임선생님이나 주변 친구들은 고등학교에 들어가면 엄청난 양의 공부를 하며 3년을 보내야 한다는 이야기를 하곤 했는데, 산 중턱에 떡 하니 들어서 있는 이우학교의 전경을 보면서 왠지 우울한 고등학교 생활을 피할 수 있을 것 같다는 생각도 했던 것 같다.

한편으로는 특이한 것, 튀는 것에 매력을 느꼈던 성격도 이우고등학교 입학을 결정하는 데 크게 작용했다. 그즈음 특이한 패션, 개성 있는 행동 등이 긍정적으로(아마도 당시 속했던 또래집단 내에서만 그랬을

지도 모른다) 평가받고 있었고 남들 하는 것을 똑같이 하는 게 싫어서 당시 사람들이 좋아하던 소몰이 발라드를 격하게 거부하고 국내에 몇 곡 있지도 않은 랩뮤직을 찾아들었던 것처럼, 자연스럽게 찾아온 특이해질 수 있는 기회를 놓치고 싶지 않았다.

그렇게 흘러가는 대로, 적당히 이우고등학교에 입학하게 되었다.

랩, 이 망할 것

랩이 우리나라에서 시작된 것은 실제로 훨씬 더 이전이었지만, 내가 랩이라는 것을 알게 된 것은 중학교 3학년 즈음부터였다. TV에서 간혹 접하던 랩 음악이 좋다는 느낌을 받았고, 희귀하게도 랩을 좋아하던 친구들 몇몇과 서로의 정보를 공유하면서 지냈고, 어쩌다 접한 미국의 힙합 곡을 며칠 동안 듣고 다니면서 지냈다. 중학교 때에도 영어 문장을 제대로 읽을 줄 몰랐기에 음악의 독음을 한글로 하나하나 써놓은 인터넷 글을 프린트해서 들고 다니며 노래를 불렀다.

이우고등학교에 입학하자마자 랩을 할 수 있는 동아리가 있다는 것을 알게 되었고, 이 Van FellaZ라는 동아리는 이우고등학교에서 만나 나를 기억하고 있는 사람들 모두가 가장 먼저 떠올리는 이미지가 되었다. 모든 쉬는 시간과 점심시간에는 음악실에 내려가서 가사를 쓰고 노래를 부르며 보냈으며, 학교에서 생활하는 시간

외에도 집에서 허름한 장비로 녹음을 해보거나 프로그램을 다운받아 음악을 편집하고, 만들어보고 인터넷 카페를 통해 힙합 음악 관련한 칼럼이나 논쟁거리들을 찾아보는 등 이 분야에 푹 빠져 지냈다.

학교에서의 공연은 항상 최고의 시간이었다. 친구들과 선후배들은 어설프기 그지없는 노래에도 항상 폭발적으로 반응해주었다. 심지어 스피커가 출력을 이기지 못해 터졌을 때 무반주로 부르는 노래에도 끝까지 환호해주었다. 모두의 환호를 받은 공연을 마친 후 어두운 이우학교 언덕을 내려가는 기분은 항상 기억 속에 강하게 남아 있는 것 중 하나였다. 무대의 맛은 비유 이상으로 마약 같은 느낌이었고 그 당시에도 지금 시점에도 공연을 준비할 때만큼 무언가를 열심히 했던 적이 없었다.

당시 대단히 비주류 장르였던 힙합 음악을 좋아하다 보니 자연스레 인터넷 카페 등을 통해서 또래 친구들을 알게 되고, 랩에 대한 이야기를 나눌 사람이 많이 없었던 때 랩이라는 관심사 하나가 같다는 이유로 수십 명이 넘는 학생들이 홍대에 모이는 행사가 만들어지기에 이른다. 이 행사에 꾸준히 참여하고, 고등학생 신분답지 않게 대외적으로 많은 활동을 하면서 실력 있는 또래 음악인들과 선배들을 만나게 되었고, 즐거운 시간들을 보냈지만 그 경험들이 쌓여가면서 만들어진 결론은 그동안의 즐거움과는 조금 결이 다른 것이었다.

"나는 랩을 직업으로 할 수 있을 만한 재능이 없다."

고등학교 3학년을 맞이하면서 대입 준비와 진로에 대한 고민을 하는 쪽으로 바뀌는 교내 분위기에 또 적당히 맞추어 살기 위해서였는지, 더 이상의 외도를 걷기엔 미래가 겁이 났던 것인지 지금 시

점에서 확실히 기억나지는 않는다. 다만 고등학교 2학년 겨울방학 즈음 나는 내가 대단한 재능을 가진 사람이 아님을 인정하고 직업으로서 음악을 하는 것을 포기하고 대입 시험을 준비하기로 결정했다.

랩은 취미 삼아 조금씩 하면서 대입을 준비했고 기적적으로 서울 소재 모 대학교에 입학하게 되었다. 주어진 상황에 적당히 적응을 잘하는 기질은 역시 발휘되어 별다른 고민 없이 대학교 생활을 이어갔고, 그동안에도 노래를 녹음하고 몇몇 무대에 올랐다. 그렇게 대학교 졸업을 앞둔 시점, 갑작스레 힙합 음악을 업으로 삼아보지 않으면 언젠가 후회할 것 같다는 생각이 들었고, 충동적으로 음악 장비를 구매하고 레슨을 받으며 공부를 시작하게 되었다.

개인적으로 좋아하는 팀인 '거북이'의 리더 터틀맨(고 임성훈)의 인터뷰에 이런 답변 내용이 있다.

"곡 주는 사람이 없어서 전곡 다 제가 썼어요."

음악을 업으로 하겠다는 결심은 사실 당시 출시된 '개러지밴드'라는 휴대폰 앱에서 시작되었던 것 같다. 내장되어 있는 악기들을 뚝딱거리면서 여러 반주를 만드는 게 너무 재미 있어서 어딘가를 오가는 대중교통 안에서 항상 휴대폰을 붙잡고 있었다. 그저 랩 가사를 쓰고 부르는 걸 좋아했을 뿐인 나에게 곡을 써주고, 앨범을 제작해줄 사람은 전무하다시피 해 나도 화성학을 공부하면서 내 스스로 곡을 써서 활동하리라 다짐했다. 작곡 프로그램, 흔히 말하는 DAW(Digital Audio Workstation)을 구매하고 매일 밤 털털거리는 컴퓨터에 연결된 헤드폰을 꿰맨 듯 붙여 놓고 지냈다. 다양한 장르의 곡을 써보고 지우고 뭔가 되는 것 같다가 결국에 실패하는 과정에서 오랜 고질병인 턱 관절 장애와 경추측만증을 얻었다.

정규 곡을 발표하고도 상황은 크게 달라지지 않았다. 독서실에서 주말 알바를 하며 근근히 지내고 있었고, 나를 찾는 무대는 없었다. 때문에 직접 인터넷 사이트에 글을 올려 내 곡을 들어주십사 읍소하기도 했고, 무대가 그리워지면 당시 인디 씬에서 진행하던 오픈마이크 포맷의 공연을 찾아다녔다. 직접 신청해서 무대에 서고 공연비도, 많은 관객도 없던 그 무대들에 오르면서 한 명, 또한 명 내 노래를 인상 깊게 들은 사람들을 쌓아가는 과정이라 생각했다.

결과적으로 보통은 하지 않는 짓들을 하며 지낸 덕에 우리가 생각하는 래퍼, 힙합 뮤지션의 전형적인 이미지는 잃어버렸지만 좋은 인연으로 지금까지도 이어가고 있는 사람들을 만나게 되었다. 지금도 마찬가지로 내 음악을 들어주는 누군가를 기다리고 나를 찾아주는 무대를 쌓아가며 지내고 있다.

내게 재능이 없다는 사실에는 변함이 없었는데 어떤 바람이 불어서 갑자기 진로를 확 바꾸게 되었는지 아직도 확실히 설명하기는 어렵다. 사회 진출을 앞둔 가장 중요한 시기이며 준비할 것들이 많은 시기에 갑자기 그동안 잘 지켜왔던 적당함의 선을 넘어 사고를 하나 치게 된 것이다. 그리고 이게 내가 기억하는 내 첫 번째 용감한 결심이었다.

생각하는 대로 살지 않으면 살아지는 대로 생각하게 되는데
그래도 별 문제는 없다

평소 인터뷰 혹은 친구들과의 대화에서 자신에 대해 설명하게 되면 자주 하는 이야기가 있다. 나는 단기 계획은 잘 세우고 잘 지키지만 중장기적인 계획을 하고 큰 그림을 그리는 것에는 영 소질이 없다.

한 주—명확한 계획이 잡혀 있고 실천해야 속이 편해짐

한 달—스케줄러에 표기되어 있고 보면 알 수 있음

차후 3개월—어렴풋한 향기나 색감 같은 느낌으로 다가옴

다음해—그때 되면 어떻게든 되겠지

수년 후—그즈음엔 통일도 되고 지구도 멸망하지 않을까

정도의 인식 체계로 살아온 것인데, 어쩌면 음악을 하겠다고 충동적으로 결정한 것은 내가 장기적인 계획(혹은 미래에 대한 불필요한 걱정)을 할 수 없는 사람이었기에 가능한 일이었던 게 아닐까 한다. 음악을 하겠다고 결심한 시점에 내가 2~3년 혹은 그 이후를 생각하고 계획할 수 있는 사람이었다면 언감생심 이 분야에 손도 대지 못했을지도 모르겠다.

하지만 반대로 앞에 닥친 일을 해내는 데는 강했기 때문에 일을 툭툭 던져 놓고 하나씩 주워 수습하는 식으로, 나름대로 경쾌하게 지내왔다. 군 복무 중 대학교 내에서 부는 학문 단위 구조조정 소식을 접하고 다니던 학과의 폐지 소식을 듣게 되었고, 전역 이후 학과 부 학생회장을 역임하면서 학과 폐지 반대를 위해 학생회 활동을 하게 되는데, 사람들을 만나고 거창하게 이야기를 나누며 다양한 문화행사 계획을 일단 벌여둔 후 '바로 이번 주' 단위로 필요한 것들을 수습해가며 했던 것 같다. 그 과정에서 청소년 문화행사 기획, 구조조정 반대 문화제 기획, 다큐멘터리 제작, 대학교 연합체 구성 등을 진행했다.

음악을 하겠다고 마음먹은 후에도 마찬가지로, 앨범 단위의 큰 프로젝트는 나에게 너무 어려운 일이었다. 때문에 한 곡 단위로 발매되는 싱글을 꾸준히 발매하며 활동했는데, 일단 음원유통사에 연락해서 발매 일정을 잡아둔 후 그 일정에 맞추어 급히 준비하는 식으로 발매를 진행했다.

명확한 계획 없이 적당히 살아지는 대로 살아온 것, 당장 앞에 닥친 일에만 몰두하고 뒷일을 생각하지 못하는 것은 보통 무언가에 실패한 사람들에게 발견되는 특징들이며 어쩌면 대단히 큰 약점일지도 모른다. 그런데 나에게는 반대로 큰 도움이 된 경우가 많았다. 처음으로 많은 사람들에게 주목받는 계기가 되었던 곡과 뮤직비디오도, 순간적인 아이디어를 하루 만에 정리해서 공개해버린 곡들도 모두 내가 길게 생각하지 못한 채 활동해왔기에 가능했다. 조금 포장해서 이야기하자면, 겁 많고 적당히 살아가는 데 익숙한 내가 무언가 용감한 행동을 했던 것은 대부분 뒷일을 생각하지 못한 채 벌인 일종의 사고였던 것이다.

현실이라는 이름의 꿈

누군가는 자신이 좋아하는 일을 하며 사는 것은 꿈을 향해 가는 것이고 평범한 직장에 다니며 사회가 요구하는 생애주기를 맞춰가는 것을 현실이라고 한다. 그렇다면 높은 경쟁률의 공무원 시험이

나 대기업 입사를 준비하고 취업해서 살아가는 사람들은 현실적인 것이고 꿈을 잃은 것일까? 하지만 짧은 순간의 결정으로 음악을 업으로 삼고 살아가기로 한 나에게 음악은 그 순간부터 지독한 현실이 되었다.

지금보다 조금 더 어릴 적에는 공무원 시험이나 대기업 입사에 목메는 사람들을 이해하지 못하고 왜 다들 같은 길을 가려 할까 궁금해하며 한심하다고 생각하기도 했다. 한참 나 스스로 내린 결정을 강하게 되새겨야 했던 데뷔 당시 그런 내용을 담은 가사를 쓰기도 했다.

> 백지로 낸 시험지에 적혀 있던 건 '넌 뭐가 되고 싶은지?'
> 그 전에 물어볼게 난 대체 뭐가 될 수 있는지
> 공무원, 대기업 정도가 답인 이 질문 위에
> 반란처럼 답해 난 '행복한 지금'이야
> ― 데뷔곡 〈남자니까〉 중

그즈음 선배와 대화를 나누다가 들은 한마디의 이야기에 생각의 큰 변화가 생겼다. 자의식 과잉이나 일종의 아집인 내 말에 직장 생활을 하고 있던 선배는 화를 내지 않았다. 다만 '네가 지금 모자란 재능이라고 생각하는 지금의 능력 또한 너에게 선물된 것이고 누군가에게는 접해볼 기회조차 없었던 것이다'라는 이야기를 해주었을 뿐이다. 모든 사람에게 나름의 꿈과 나름의 현실이 있고 그 사

이에서 한 선택에 대해서 함부로 우열을 논하거나 평가할 수 없는 것이었구나 하는 생각에 스스로가 부끄러워진 순간이었다. 요즘 청년들은 패기와 도전 정신이 없다고 이야기하는, 내가 싫어했던 사람들의 말을 조금 바꾸어 내가 하고 있었다.

　나와 같은 시대를 같은 나이대로 살고 있는 친구들의 이야기를 노래에 담아 내자고 결심한 것도 그때였다. 물론 많은 뮤지션들이 다루고 있는 이야기이지만 내가 보고 듣는 이야기를 내 화법으로 해보고 싶었다. 단순히 살아가는 이야기, 우리가 느끼는 감정에서 시작한 가사 내용들은 자연스럽게 청년 세대들이 처해 있는 사회적 상황에 대한 이야기로까지 확장되었다. 이 과정에서도 적당히 가볍고 재미있는, 비유적 표현법을 주로 사용했는데, 그런 표현법이 음악적 표현에 가장 어울리며 접근하기 쉬운 우리 세대의 언어라고 생각했기 때문이었다. 다만 마음속 깊은 곳에서는 스스로에 대한 부끄러움도 함께 자라고 있었다.

'나는 과연 사회적 현상의 본질을 짚는 가사를 쓰고 있는가?'
'외부의 무언가에 겁을 먹고 충분히 날카롭고 직설적이지 못한 것은 아닐까?'

이제 음악은 나와 뗄 수 없는 일부가 되었고, 내가 음악으로 다루는 이야기들도 마찬가지다. 멋진 음악인이 되고자 하는 꿈과 경제적 생활을 꾸려나가야 하는 현실은 구분되는 것이 아니라 한데 엉겨 있는 내 삶 자체가 되었다. 나는 여전히 대부분의 순간 적당히 눈치를 보며 살고 겁을 많이 내며 가끔씩 충동적으로, 아니면 실수로 용감해진다. 늦은 시기에 음악을 시작한 탓에 기초는 부족하고 음악적 지식은 엉성하다. 모자란 게 있으면 채워보고, 달라진 게 있으면 바꿔보고 하면서 내가 하고자 하는 일과 현실적으로 준비해야 하는 것들을 균형 잡아가며 살아갈 생각이다. 조금 더 열심히 할 수도, 장기적인 활동 계획을 세울 수도, 좀 더 날선 가사를 쓸 수도 있겠다. 어쩌면 몇 년 후엔 음악을 더 이상 하지 않고 있을 수도 있겠지.

내 이름에 부끄럼 없게 해 목매지 않아 Payday
'알아서 찾아오는 거야' 그것이 교수님의 가르침
난 나와, 내 사람들과, 내 인생을 담은 새까만 음악
그냥 하면서 살아갈 거야
―싱글 〈갈〉 중

나는 누구인가?

'내가 누구인지를 알아라, 자아를 찾고 실현해라.' 한 번씩은 들어볼 수 있는 이야기이며, 말하는 것은 정말 쉽다. 그런데, 어울리지 않게 진로에 관련된 강의도 하는, 누군가에게는 자아를 확실히 알고 꿈을 향해 걸어가고 있는 것처럼 보이는 나에게도 자아를 찾는다는 것은 여전히 먼 이야기처럼 느껴진다. 보통 래퍼들은 자신의 음악과 삶의 태도가 완성되어 있는 것처럼 가사를 쓰는데 왠지 나는 그것이 어렵게 느껴진다. 내가 하고 싶은 일은 굉장히 빠르게, 자주 변해왔고 그나마 몇 년을 꾸준히 하고 있는 음악 안에서도 매 곡을 발표할 때마다 다른 장르, 다른 작법을 해보고 싶었다. 약간의 게으름, 적당히 사는 삶 같은 몇 가지 소소한 것들을 제외하고는 생각도 행동도 시시각각 변해 왔다. 그래서 완성된 형태로 나는 누구인가를 알게 되는 것은 일종의 허상이 아닐까 생각한다. 멈춰 있는 개념이 아니며 시시각각 변하는 존재인 '나'는 무엇이고 싶은가? 또 그런 '나'는 누구이고 있는가?라고 스스로에게, 또 친구들에게 이야기하고 싶다.

이우학교에서의 시간은 뭔가 새롭고 즐거웠지만 한편으로는 불안하고 정해진 길을 벗어나 가고 있는 게 아닌가 하는 생각에 사로잡히기도 하며 보내온 날들이었다. 나뿐 아니라 함께 학교 생활을 했던 친구들도 크고 작은 고민들을 귓볼 어디 쯤에 달아두고 지내는 것처럼 보였다.

혹시나 이 글을 조금 관심 있게 보게 될 친구들이 있다면, 불안하고 흔들리는 그 과정을 여과 없이 즐겼으면 좋겠다. 그리고 그 변화가 한참 흐르고 서로 기억하는 모습과는 꽤 달라져 있을 나중에도 시간 한번 내서 웃으며 볼 수 있다면 더할 나위 없겠다.

ⓒ이주은

이우를 벗어나니
이우가 보였다

이우학교에서 배운 것

　이우학교를 졸업한 다음, 나는 어떻게 살아왔나? 솔직히 겨우 30대가 된 사람이 자신의 '인생'을 돌아보는 건 상당히 민망하고 우스꽝스러운 일이다. 이우학교를 졸업한 뒤 정확히 10년이 흘렀다. 10년 동안 내가 내린 결정과 경험한 것을 짧게 말하면 몇 줄짜리 약력으로 끝나고, 길게 말하면 정말 재미없는 천일야화가 된다.

　한국 사회는 항상 젊은이들에게 스스로에 대해 설명하라고 요구한다. 호적 없는 세상에서 자라난 우리 세대에게 가장 익숙한 서류는 아마도 '자기소개서'가 아닐까? 나 역시 수많은 자기소개서를 썼다. 대학 입시, 인턴 선발, 취직은 물론 심지어 아르바이트를 할 때도 형식적이나마 자기소개서를 써야 했다. 짧은 내 인생 경험을 그러모아 말이 되는 한 개의 줄거리로 만들기 위해 애썼던 시간들.

그때마다 이우학교는 등장하기도 했고, 등장하지 않기도 했다. 대부분은 등장했다. 특히 대학 입시에서는 결정적이었다. 우리는 오랫동안 꾸준히 제2외국어를 선택해서 배웠는데, 덕분에 나는 일반적으로 외국어고등학교 학생들을 겨냥했던 수시 1차 전형을 통해 수능을 보지 않고도 대학에 입학할 수 있었다. 전형 과정에서는 자기소개서를 내고, 어떤 활동을 했는지 리스트를 내고, 증거자료를 모아야 했다. 나는 많은 활동을 했으니 낼 것도 많았다. 당연히 전부 이우학교에서 경험한 것들이었다. 이후에도 대학에서 멘토링 프로그램(서대문구의 중학생에게 과외를 해주고, 과외비는 대학에서 장학금으로 대신 내주는 프로그램)에 지원할 때 이우학교에서 야자 없이 자발적으로 스터디 그룹을 만들었던 '썰'을 푸는 식이었다.

이우학교에 대해 아예 언급하지 않고 나를 설명할 수 있었던 건 2015년부터다. 그해 나는 1지망 언론사였던 주간지 〈시사IN〉 5기 공채에 수습기자로 취직했다. 2013년에 최종 면접에서 떨어진 끝에 재수한 것인데, 그때 썼던 첫 번째 자기소개서에는 이우학교에 관한 내용이 많았다. 나는 내가 공동체가 키운 아이라고 썼다. 두 번째 도전할 때 그 내용을 반복할 수는 없었다. 〈시사IN〉 공채에서 떨어진 다음에 어떤 경험을 했는지 주력해서 썼다. 나는 이우학교로만 설명되는 존재는 아니다. 이우학교 외부에서 했던 경험만으로도 충분히 나에 대한 여러가지 이야기를 엮을 수 있다.

오히려 졸업 후 대부분의 경우에는 낯선 이들에게 내가 무슨 이우학교의 대표 사례이거나 대변자처럼 여겨지는 것을 매우 경계했다. "이우학교? 그건 어떤 학교야? 처음 들어보네?" 이런 흔한 질문에 종종 설명을 거부하기까지 했다. 나에게는 중학교 동기 60명, 고등학교 동기 80명이 있고 그들이 겪은 이우학교는 천차만별일 것이다. 나는 그 모든 것을 모른다.

어떤 사람들은 내 모든 행동을 '일반 공교육을 받지 않아서' 한 가지로 설명하려 들기도 했다. 대학에서 교양 수업시간에 질문을 조금 자주 한다는 이유로 "역시 '주입식 교육'을 받지 않아서 다르다"라고 판단했던 한 교수님처럼 말이다. 이우학교에서도 질문을 즐기지 않는 성격의 친구들은 많았다. 집단으로서 내 동기들과 다른 학교 학생들은 크게 다르지 않았다고 생각한다. 각 학교에는 나름의 개별성을 가진 학생들이 각각 다니고 있었을 것이다. 어떤 것은 나 개인의 고유한 것이다.

물론 내 고유성이 형성되는 과정에 이우학교가 적잖이 개입해 있는 것은 맞다. 내가 모든 배움은 질문으로부터 시작한다고 믿고, 좋은 질문을 만들기 위해 골몰하는 이유는, 이우학교에서 그렇게 배웠기 때문이다. 이우학교 정규 커리큘럼 안에서, 그러니까 칠판 앞의 선생님 입에서 그것을 배운 건 아니다. 반 친구들과 질풍노도의 그룹 과제를 하면서, 선생님과 친구의 권유로 전국 고등학생 토론대회를 준비하며, 학부모 중 한 분이 이끄는 독서토론 활동을 하면서 배웠다. 대부분은 친구들의 말과 글과 행동에서 배운 것 같다.

이우학교에서는 다양한 경험을 제공했고, 허락했다. 다양한 경험을 하는 나를 관찰하고, 기록해서 남겨두는 것(주로 끔찍하게 자주 내야 했던 보고서로). 이우학교에서 반복적으로 했던 작업이다. 내가 인생을 살아가는 방식이고, 무언가를 배우는 방식이고, 결국 내 직업이 되기도 했다. 나의 첫 직업은 주간지 기자였다. 지금은 일하는 여성을 위한 커뮤니티 〈헤이조이스〉에서 그로스 & 콘텐츠 플래너로 일하고 있다.

최근에는 책을 썼다. 『살 빼려고 운동하는 거 아닌데요』(휴머니스트)라는 제목이다. 운동하는 사회 초년생으로서 느꼈던 성차별에 대한 에세이이자 다양한 운동하는 여성들을 다룬 책이다. 왜 헬스장은 여성에게만 뼈만 남기고 다 빼드린다고 광고하는지, 어째서 내 트레이너는 내가 결혼을 앞두고 트레이너에게 '특별 관리'를 부탁하지 않았다며 난리법석을 떨었는지, 왜 여성의 몸뚱이는 모욕이나 칭찬을 목적으로 여기저기에 전시되는지, 왜 남성 전용 헬스장은 없지만 여성 전용 헬스장은 수요가 높은지 질문했다.

이 책에도 뜬금없이 이우학교가 나온다! 편집자는 내가 이우학교를 다닌 것을 흥미롭게 생각했다. 일반적으로 중고등학교에서 여학생은 운동장을 쓸 일이 별로 없는데, 일반적인 중고등학교에 다니지 않은 나는 어땠는지 궁금해했다. 결국 이우학교에서만 할 수 있었던 여성 전용 스포츠 '야생마'에 대한 기억이 한 챕터를 차지하게 됐다. 사회 초년생으로서의 경험을 기록한 책에 갑자기 이우학교가 등장하게 줄이야! 어떤 기억은 나에겐 새삼스럽지만 타인에게는 흥미로운 일화가 되나보다.

이우학교에서 배우지 못한 것

대학 생활은 많은 부분 이우학교에서 익숙해진 방식의 연장선이었던 것 같다. 나는 문화인류학을 전공했는데, 참여 관찰을 통해 지식을 찾아 나가는 학문이다. '객관적인 관찰이란 가능한가?', '어떻게 기록하는 것이 효율적인가?' 같은 좀 더 정교한 질문을 던지게됐지만. 학과 분위기도 편안했다. 정치적 올바름을 추구하는 것에 굳이 변명할 필요가 없어서 좋았다. 이우학교에서 각종 시위에 참여하며 익숙해진 민중가요를 따라 문과대 율동패 〈발버둥〉에 들어가기도 했다. 거기서 반려인을 만났으니, 다시 생각해보면 이우학교가 내 인생에 미친 긍정적 효과가 어마어마하다고 할 수 있겠다.

다만 보편적인 시민의 권리와 평등, 차별에 대해 이우학교에서 배웠다면, 내가 가진 특권에 대해 인식하고 성찰할 수 있었던 건 대학에서였다. 중고등학교 시절에 다양한 경험을 하는 것은 당시엔 분명히 특권이었다. 나는 자진해서 토론대회에 나가겠다는 학생에게 "(입시에 도움되는) 상을 받을 수 없으면 시간 낭비하지 마라"며 허락하지 않는 학교가 매우 많다는 것을 알고 얼마나 놀랐는지 모른다. (물론 가치 있는 경험조차 자본이 되어버린 요즘 시대에는 분위기가 다를지도 모른다. 이제는 중고등학교 시절 다양한 경험을 입시를 위해 장려하고 있는지도.)

이우학교를 벗어나니, 그제서야 이우학교가 얼마나 균질한 특정 계층으로 이루어졌는지 보였다. 이우학교를 졸업하고 얼마 안 됐을 때, 그러니까 대학 신입생 오리엔테이션이 시작될 무렵이었다. 새로운 환경에서는 아직 친구가 생기지 않았고, 여전히 내 친구들은 각자 다른 대학이나 재수학원 등으로 흩어진 이우학교 동기들이었다. 모임에서 각자 OT가 어땠는지 수다를 떠는데 누군가 그런 말을 했다.

"대학 동기들끼리 둥그렇게 모여 앉아 자기 소개를 하는데, 부모님 직업에 대해서 얘기하는 사람들도 더러 있었어. 그때 깨달은 거야. 우리 이우학교 고등학교 동기가 80명인데, 그 중 아무도 부모님이 세탁소를 하시거나 택시기사인 사람은 없었다는 걸."

중학교 1기, 고등학교 4기인 우리가 이우학교를 다닐 때만 해도 국립대학보다 등록금을 많이 내야 했다. 실험적인 커리큘럼의 새로운 학교를 세우는 데 국가보조금을 받았을 리 없으니, 결국 학교 운영을 위해서는 어쩔 수 없이 학부모가 돈을 내야 하는 상황이 아니었을까? 어쨌거나 당시에 네이버 지식인에 이우학교에 대한 질문이 올라오면 '귀족학교'라는 답변이 달려서 재학생들 사이에 화제가 되곤 했었다. 우리는 당연히 스스로를 귀족이라고 생각해본 적이 없으니 황당했지만, 이우학교를 벗어나 보니 왜 그런 말이 나왔는지 이해할 수 있었다. 대학에서 만난 사람들과 비교했을 때 우리들의 부모는 분명히 귀족까진 아니지만, 결코 가난하지는 않은, 중산층이었다.

이우학교에서 가장 예민하고 뜨거운 주제였던 '사교육'만 해도 그렇다. 내가 재학 때만 해도 그건 결코 경제적인 이슈는 아니었다. 즉 사교육 시장이 부추기는 욕망에 놀아나지 말자는 게 주요한 의제였지, 부모가 사교육 할 돈이 없어서 문제였던 적은 없다는 뜻이다. 이우학교 밖에서는 그렇지 않았다. 과외 선생이 되어보니, 사교육 문제는 완전히 경제적인 문제였다. 영어 단어를 외울 때마다 과외비가 한 달에 200만 원이 넘는다는 강남 대치동 애들과 똑같은 시험으로 경쟁해야 한다는 압박감에 눌려 있는 중학생. 목동으로라도 이사를 가면 나아질까 싶지만 엄두도 안 난다던 부모님. '할 수 있지만 하지 않는' 학부모가 사교육에 대해 던지는 질문과 '하고 싶어도 할 수 없는' 학부모가 던지는 질문이 같을까? 그런 가정에서 자라는 아이들의 심경은? 이걸 교육에 대한 통찰력이 부족해서, 사교육 시장이 부추기는 불안에 휩쓸려서 생기는 문제라고 말할 수 있을까?

그래서 나는 이우학교가 제공한 교육에 대해 '온실 속의 잡초처럼 자랐다'는 표현을 즐겨 썼다. 우리는 아주 긴밀하게 보살핌을 받는 우호적인 환경에서 제멋대로 자란 것이다. 이우학교는 마치 매우 공을 들여 조그맣고 벌레 먹은 채소를 키우는 유기농 텃밭 같다. 내가 스스로 원하는 게 무엇인지, 어디로 갈 것인지, 무엇이 될 것인지, 어떻게 살 것인지 끊임없이 질문하는 것. 그 답을 찾는 과정에서 자율성을 보장받는 것도 고도로 통제된 일종의 과보호에 다름 아니다.

그럼에도 불구하고 한편으로는 온실 속의 환경도 전체 지구의 환경을 크게 벗어날 수 없다. 이우학교라는 공간 역시 전체 한국 사회와 동떨어져 존재할 수는 없다. 나는 예전에 이우학교에 막 입학한 학부모 아카데미에서 발언을 한 적이 있다. 당시 어떤 학부모가 나에게 물었다.

"입시 과정에서 이우학교에 다녔기 때문에 내신 점수가 불리하진 않았나요?"

이게 무슨 바보 같은 질문일까? 나는 다소 황당했지만 나름대로 침착하게 답변하려 애썼다. "그건 저한테 물어보실 필요가 없어요. 계산해보면 아실 거예요. 한 학년 총 정원이 200명인 학교와 총 정원이 80명인 학교 중에 어떤 학교가 내신에 더 불리한가? 여기 이우학교 입학 정원을 모르고 입학하신 분은 없으시겠죠?"

어쨌든 이우학교를 졸업하고 나서 대부분의 학부모가 고민하는 것은 대학이다. 대학 진학률이 98%인 한국 사회에서 조금이라도 더 '좋은' 학교에 가야 한다는 생각이 이우학교에 온다고 마법처럼 사라질까? 절대 그럴 수 없다. 학부모들이 죄다 모여 있고 졸업생을 초청한 자리에서 바보 같은 질문을 하든 하지 않든, 이우학교의 구성원들도 한국 사회를 벗어나는 건 아주 어렵다. 나에게 중요한 삶의 결정은 결국 스스로 내려야 한다고 알려줬던 그 모든 이우학교 사람들, 특히 어른들이었던 선생님과 학부모(나의 부모 말고도)들이 정말로 내가 어떤 삶을 선택하든 모두 존중했을까? 난 의심스럽다. 당시 이우학교에서 강한 엘리트 중심주의를 느꼈고 여러 번 확인하기도 했다.

고등학교 2학년 때였나? 만우절이었다. 나는 당시 학년 담당 선생님을 놀리기로 작정하고 친구들과 모의했다. 교무실 문 앞에 숨어 귀를 기울이는 친구들을 뒤로 하고 선생님의 책상으로 진지하게 다가가서 말했다.

"선생님, 저 한국에서 대학 안 갈래요. 저 중국에 유학 가고 싶어요."

선생님은 한참 동안 아무 말도 못 하시고 내 팔만 쓰다듬으셨다. 선생님의 눈이 촉촉해졌다(눈이 촉촉해지기로 유명한 선생님이셨다).

"부모님이랑도 얘기된 거니…?"

나는 더 이상 참지 못하고 웃음을 터뜨렸다. "오늘 만우절이에요, 선생님!" 아이들이 뛰쳐나와서 선생님을 둘러싸고 웃었다. 선생님이 외치셨다. "깜짝 놀랐다, 한슬아! 난 얘가 갑자기 이제 와서 이러는데 어떻게 말려야 하나…"

선생님 놀리기 대작전은 성공이었지만 뒷맛은 미묘했다. 어라? 내가 뭘 하든 응원해주실 분은 아니었나? 10년 전만 해도 전혀 아니었지만 중국이 대세가 된 지금은 내 좋은 선생님께서 중국 유학에 대해 어떻게 생각하실지 궁금하다.

입시 중심 교육과 엘리티시즘 말고도 한국 사회에서 일어나는 일은 이우학교에서도 모두 일어난다. 가장 최악의 일들, 절도나 폭력, 성범죄까지도 일어난다. 이우학교는 이곳이 한국 사회의 일부이므로 이런 일이 언제든지 일어날 수 있음을 가정하고 현명하게 대처했는가? 나는 공동체의 일부로서 이런 사건에 어떻게 대처해야 하는지 이우학교에서 배웠나? 그러지 못했다.

그건 대학에서 만난 친구가 가르쳐줬다. 그는 기본소득청소년네트워크(BIYN) 활동가인데, 작은 정당 모임이나 영세 시민단체 등 자발적으로 모인 소규모 공동체에서 성범죄 사건이 발생했을 때 우리가 얼마나 무력한지 절감하고 행동에 나섰다. 같은 활동가이자 한국성폭력상담소 활동가인 동료와 함께 소규모 단체에서 성폭력 사건에 대한 규약을 만드는 워크숍을 하기 시작했다. 중요한 건 공동체 모두가 동의하는 철학이다. 법적 처벌이 가장 중요한지, 피해자의 의사가 가장 중요한지, 가해자의 개심이 가장 중요한지, 정답은 없고 합의가 중요하다. 미리 예방적으로 합의한 규칙이 있다면 사건이 일어났을 때 따라갈 길이 있다. 적어도 우왕좌왕하는 사이 피해자의 상처가 깊어지는 일은 예방할 수 있다.

자꾸만 확인받으려는 어른들께

나의 이우학교 생활에는 어찌됐든 성적표가 있다. 수우미양가, 1~9등급, 여러가지다. 고3 때 나와 친구들은 수능에 하등 상관없는 '정보와 컴퓨터' 과목을 차례로 학년에서 1, 2, 3등 했다는 것이 밝혀져 (아무도 안 부러워할) 기념사진을 찍기도 했다.

재미있는 건 어른들이다. 나를 가르친 이우학교 어른들에게는 성적표가 없다. 나를 이우학교에 보내기로 한 부모님에게는 성적표가 없다. 나를 공동육아협동조합 2기로 길렀던 사람들도 마찬가지다. 어른들은 이 사실을 다소 초조해하는 것 같다. 그 증거로 나를 5년, 10년, 20년 정도 주기로 불러다가 글을 써달라고 하거나, 강연을 해달라고 하거나, 다 같이 모인 자리에서 발언을 해달라고 한다. 주제도 비슷하다. 어린 시절, 한국 사회의 일반과는 다른 '경험'이 지금의 나를 형성하는 데 어떤 도움이나 어려움을 주었는지, 이런 교육을 경험하지 않은 사람과 내가 얼마나 다른지 말해달라는 것이다.

이런 질문이 조금도 지겹지 않다고 말하면 거짓말이다. 언제나 부담이 되는 게 사실이다. 이우학교를 졸업한 후, 낯선 사람들이 나를 통해서만 이우학교를 이미지화 하는 것을 경계하고 거부해왔다. 그런 경계심도 무색하게 나라는 케이스 하나로 이우학교의 '성적표'를 알고 싶어하는 듯한 질문에 대답해야 한단 말인가?

때로는 가장 주관적인 답이 가장 객관적일 수도 있다. 그래서 나는 항상 이런 질문을 한 어른들에게 그대로 질문을 돌려주고 있다. 부모로서, 교사로서, 배움 공동체의 구성원으로서, 당신은 어땠느냐고. 행복했느냐고. 이우학교에서의 경험에 영향을 받아 변화했느냐고. 만약에 그랬다면, 그 '성과'를 굳이 아이들에게서 구할 필요가 없지 않을까? 본인들이 행복했다면 충분히 가치 있는 것이 아닐까? 어차피 이우학교에서는 교육의 성과를 눈으로 보거나 수치로 잴 수 없다고 생각하지 않았던가? 인간이 된다는 것을, 다양하고 독립적인 개인이자 사회의 구성원이 된다는 것을, 어떻게 수치로 잴 수 있으며 어떻게 몇 글자로 적을 수 있을까? 그리고 어떻게 이제 겨우 30대가 된 사람이 자신의 인생을 이렇다 저렇다 평가할 수 있을까?

물론 졸업생들을 통해 무언가 인정이나 확신을 구하는 그 마음을 심정적으로는 충분히 이해한다. 설립자들이라고 할 수 있는 '어른들'의 입장에서는 이우학교는 아이들을 위한 어떤 실험적인 기획이었고, 지금도 현재진행 중이니까.

그러나 한 사람의 학창 시절은 하나뿐이고, 동시에 두 장소에서 두 가지 학창 시절을 가질 수는 없다. 나의 학창 시절은 이우학교이다. 나는 그것을 설계하거나, 계획하거나, 기획해서 시작하거나 끝내지 않았다. 나에게 그것은 자연스러운 것이었다. 그래서 지금 내 인생은 이우학교를 다닌다는 기획의 성과물이라기보다는 그저 연속적인 것이다. 부디 이 점을 잘 이해해주시기를 바란다.

나는 도전하기로
선택했다

내가 바라는 교육, 그리고 이우학교

우리는 종종 교육을 농사에 비유하곤 한다. 오랜 인고의 세월을 견딘 후에야 결실을 얻을 수 있다는 사실은 교육과 농사의 공통점이기 때문이다.

농사에 있어 가장 중요한 요소는 '무엇을 심는가'이다. '콩 심은 데 콩 나고 팥 심은 데 팥 난다'는 말처럼 어떤 종자를 땅에 뿌리는가에 따라서 농사의 성격이 달라지며 그 품질까지 결정된다. 하지만 그 씨앗이 뿌리를 내리고 자양분을 빨아들여 성장할 토양의 역할도 간과하면 안 된다. 척박한 사막, 질퍽한 늪지대 또는 고산지대에서 살아남는 식물은 모두 다르다. 그러므로 학생 개인 역량과 교육 환경은 조화를 잘 이루어야 한다.

하지만 교육이 농사처럼 동일한 품종의 결과로 귀결되면 곤란하다. 넓은 들을 가득 채운 벼 이삭들은 다양성을 대표하지 않는다. 과수원의 포도나무도 고랭지 배추밭도 마찬가지다. 만약 한 장소에 두 종류의 작물을 함께 심으면 둘 중 하나는 살아 남지 못할 것이다. 획일적인 교육 환경만 제공하는 공교육 안에서 개성이 살아남지 못하는 안타까운 현실도 이와 같은 맥락이다.

이 문제의식으로부터 이우학교는 시작됐다. 각기 다른 씨앗이지만 모두가 땅 속 깊이 뿌리를 내릴 수 있는 곳. 동일한 품종 안에서 품질에 따라 등급을 매기는 것이 아니라 다양성에 입각해 각자의 개성을 인정받을 수 있는 곳. 살충제란 외부 요인 없이 스스로 병해충을 견디는 자력을 기를 수 있는 곳. 이렇듯 각양각색의 씨앗이 건강하고 안전하게 성장하여 열매를 맺을 수 있는 땅이 되고자 이우 공동체가 시작했다.

이런 맥락에서 졸업생들이 기억하는 이우학교가 모두 달랐으면하는 바람이 있다. 사색을 좋아한 친구는 밤하늘 아래 교실 테라스에 앉아 철학적인 고민을 한 기억이 떠올랐으면 좋겠고, 변화를 추구하는 학생은 진보적인 측면에서 세상을 바라보는 수업이 가장먼저 기억났으면 좋겠다. 어떤 이에겐 수 년간 함께해온 학우와의 관계 속에서 즐겁고 힘들었던 순간이 스쳐 지나가길 바란다.

나에게 이우학교는 '하고 싶은 것을 할 수 있는 곳'이다. 김동민이란 밀알이 제약 없이 마음껏 성장할 수 있었던 터가 바로 이우학

교인 것이다. 나는 이곳에서 열정과 호기심으로 주저 없이 도전을 시도해볼 수 있었고, 값진 성공과 실패의 경험을 통해 성장할 수 있었다. 몰아치는 비바람에 많이 흔들렸지만 결코 뽑히지 않은 단단한 뿌리가 내린 곳, 내 학창 시절을 추억하며 이야기를 시작한다.

거침없이 도전하다

나는 이우학교 입학 전부터 모험을 좋아하는 도전적인 아이였다. 어릴 때부터 새로운 환경을 탐험하는 짜릿함과 목표에 도달했을 때의 성취감을 좋아해서 초등학교 매 방학마다 국토대장정 캠프에 참가했다. 심지어 경주의 한 사찰에 한 달 동안 머물며 절 생활을 체험하기도 했다. 자연스럽게 '모험과 탐험'은 내가 자랑스럽게 가슴에 품고 다닌 자부심이었다.

이 뜨거운 도전의 열기는 이우중학교 입학 후에도 이어졌다. 이우중학교 3학년이 되자 오랫동안 꿈꿔온 계획을 현실에 옮길 기회가 찾아왔다. 당시 학생들이 자발적인 프로그램을 기획하고 실행까지 옮기는 '통합기행'이란 프로그램이 있었다. 교실 밖에서 학생들이 주도해 다양한 활동을 경험하는 것이 이 수업의 목표였다. 이 절호의 기회를 놓칠 수 없었던 난 바로 여행 기획에 들어갔다. 가입 신청서를 만들어 함께 떠날 친구들을 모집하고, 사전에 계획된 모든 길을 부모님 차로 답사하는 등 큰 책임감으로 준비했다.

더위가 극성이었던 2005년 7월 여름 어느 날, 강원도와 경기도 경계선인 가평군 한 다리 위에서 출발 선언식을 한 우리 네 명은 인천으로 향했다. 특별 제작한 노란색 깃발을 높이 세우고 한 걸음 한 걸음 내디뎠다. 어른의 보호 없이 떠난 첫 원정이었기에 불안했지만, 이를 상쇄할 설렘이 더 컸다. 더위 때문에 땀은 비 오듯 쏟아지고 발바닥 마찰열 때문에 걸을 때마다 아팠다. 그럼에도 불구하고 갖가지 상상에 의식의 반을 빼앗기고 터덜터덜 걸어갔다. 서울시 표지판에 기뻐 얼싸안던 기억, 원효대교 위에서 바라본 한강 야경 등은 아직도 잊히지 않는다. 최종 목적지인 연안부두에 도착하니 이미 부모님들이 마중 나와 계셨다. 땀에 절여진 몰골에도 아랑곳 않고 부모님 품에 안겨 3박 4일의 모든 일정을 무사히 마쳤다. 총 115.2km를 두 발로 걸었다는 사실보다 더 값진 것은 목표했던 것을 스스로 성취했다는 의미였다. 이 '경기도 횡단'은 당시 중앙일보 한 면을 차지하며 보도되었다.

고등학생 2학년이 되자 통합기행 프로젝트가 또 다시 등장했다. 이번에도 가만히 있을 내가 아니었다. 2년 전 경기도 횡단을 기획하고 실행했던 경험을 살려 더 힘든 도전을 하고 싶었다. 그러자 섬 하나가 생각났다. 바로 '울릉도'였다. 총 4명이었던 경기도 횡단과 다르게 친구들 18명 안전을 책임져야 한다는 사실은 나에게 큰 압박이었다. 준비 과정에서 몇 번이고 포기하고 싶었고 출발한 여정도 녹록치 않았다. 때마침 찾아온 기상 악화로 울릉도 가는 길은 뱃멀미로 지옥도가 그려졌으며 인원이 많아진 만큼 팀원들 간의 마찰도 생겼었다. 그러나 6박 7일의 힘든 과정을 극복하고 마침내 섬을 한 바퀴 돌아 도착한 순간 모든 고단함이 눈 녹듯 사라지는 것을 느꼈다. 도전을 성공시킨 자긍심이 조금씩 쌓여 갔다.

이우학교 재학 시절의 잊을 수 없는 추억은 이밖에도 더 있다. 2005년 3월, 중학생 신분으로 '백두대간 1기'에 참가하여 1년 반 동안 격주로 전국 827.1km를 산행한 기억은 최고의 선물이다. 어디서 사계절의 진수에 취하거나, 낙뢰가 떨어지는 폭풍우를 뚫고 나아가는 경험을 해볼 수 있을까? 이런 경험들은 모여서 새로운 도전으로 향하는 징검다리가 됐다. 고등학교 2학년 때 기아자동차에서 후원하는 '2007년 한국 로체 청소년 원정대 2기' 모집 소식을 봤다. 선발 혜택은 5개월 간의 국내 훈련과 인도 히말라야 등반을 위한 항공비 및 18일간 해외 체류비 전액 지원이었다. 치열한 100:1 경쟁률에 자신감이 없어 밤잠을 설치기도 했지만 도전 의식은 멈추지 않았고, 3차 면접까지 간 결과 최종 23명에 포함될 수 있었다. 그리하여 태극기 마크를 한 팔에 새기고 인도 가르왈 히말라야를 등반할 수 있었다.

내가 모험에 열광하는 이유는 살아 있다는 생동감 때문인 것 같다. 불어오는 바람에 촉촉한 땀방울이 식거나 하얀 눈 위를 뽀득뽀득 밟는 순간, 모든 감각들이 하나로 통합될 때가 있다. 시각, 후각, 청각 등 모든 자극에 집중하며 내가 살아 있음을 자각하게 된다. 그 순간만큼은 걱정이 사라지고 살아 있다는 자체로 행복을 느낄 수 있다. 새로운 장소가 전해주는 설렘이란 향신료도 가슴을 간지럽게 만든다. 무엇보다 결정적인 중독 물질은 바로 '성취감'이다. 도전은 불확실성을 내포하기 때문에 고난이 필연적으로 수반되는 반면, 포기는 안정적이고 편하다. 때문에 어려움을 이겨내면 자신감으로 충만해지며 효능감이 향상된다. 나는 성장하는 기쁨의 맛을 일찍부터 맛봤던 것이다.

시간이 흘러 수험생이 되자 대학교 입시가 코앞까지 왔다. 안타깝게도 당시 정말 가고 싶은 대학교가 있었지만 매우 낮은 내신 성적으로 합격이 불가능했다. 그러나 주변의 우려에도 불구하고 나는 포기하지 않았다. 성적 외의 강점을 부각시키기 위해 학창 시절에 도전했던 일련의 기록들을 모아 책으로 엮었다. 운 좋게도 성적보다 잠재력을 평가하는 입학사정관제를 막 도입했던 시기라 나는 고려 대상이 될 수 있었다. 또한 대학 입시를 위한 경험들이 아니었다는 점도 높게 평가됐으리라. 순수한 도전 정신 자체였기 때문에 내 포트폴리오는 누구보다 진솔할 수 있었다. 그 결과 낮은 학업 성적에도 불구하고 지망하는 대학교로부터 최종 합격 통보를 받았다.

대학 입학 후에도 넘치는 모험 본능은 어디 가지 않았다. 한겨울에 홀로 제주도를 자전거로 완주하거나, 친구와 단 둘이 '전국 자전거 무전여행'을 떠남으로써 내 정체성은 유지됐다.

내 삶의 조각들이 대학 입시 성공이란 가시적인 성과로 나타난 것은 감사한 일이지만, 이것은 결코 본질적인 부분이 아니다. 오히려 학창 시절의 다양한 도전을 통해 삶의 태도를 어떻게 형성했느

냐는 부분이 더욱 중요하다. 바다를 항해할 때 나아가는 방향에 따라 그 목적지가 바뀌듯, 인간은 개인이 가진 삶의 가치관을 통해 인생을 형성한다. 이우학교가 제공해준 토양에서 성취한 내 도전들은 육체적으로 힘든 극기 체험에서 머물지 않고, 두려움을 극복할 수 있는 용기와 성장할 수 있다는 자신감을 내면에 뿌리내리도록 만들었다.

고백하자면 나는 이우고등학교 시절부터 마음에 벽을 만들어 점차 학우들과 멀어졌다. 여행과 모험을 좋아하는 성향과 별개로 대인관계에서 어려움을 겪었다. 친구들이 나를 따돌리거나 괴롭혔던 것이 아니고 내가 스스로 관계의 문을 닫았다. 그 원인이 '사회공포증'이란 심리 질병 때문이었다는 사실을 거의 6년이 지나서야 알게 되었는데, 그 전까진 단순한 성격으로 치부하였고 스스로를 더욱 고립시켰다. 사회공포증은 타인과 상호작용하는 사회적 상황을 두려워하는 심리장애이다. 고등학교를 졸업하고 대학교에 입학하자마자 기숙사 생활을 했는데 낯선 환경이 내 불안을 증폭시켰다. 누군가와 단 둘이 식사를 할 때면 그 사람의 눈을 마주치는 것조차 어려웠고, 사람들 앞에만 서면 위급 상황인 마냥 심장이 터질 듯 긴장했다. 매일 밤새 컴퓨터만 하다가 아침 해가 떠오를 때쯤 잠을 청하곤 했는데, 나를 제외한 모든 사람들이 잠든 어둠이야말로 최고의 안식처였기 때문이다. 이렇게 불안 속에서 산다면 영원히 정상적인 삶을 살 수 없다는 생각이 들었다. 그러나 변화해야만 하는 절박함이 있었음에도 불구하고, 정작 방법에 대해선 무지했다. 이 때 단 하나의 본능이 내게 속삭였다.

"동민아, 변화하기 위해선 어려움에 '도전'해야 한다."

'호랑이를 잡으려면 먼저 호랑이 굴로 들어가라'는 속담처럼 두려움을 극복하기 위해 오히려 외향적인 동아리에 지원했다. 높은 경쟁률을 뚫고 대학교 공식 홍보단원으로 발탁되어 여름방학마다 합숙하며 전국 고등학교에 대학 홍보를 했다. 격주로는 학교 방문 객을 안내했고, 신입생 수시전형 모집 땐 학부모들과 학생들 앞에서 사회를 봤다. 2년이란 시간이 지난 후 좋은 기억을 많이 만들었다. 그러나 여전히 관계에 두려워하며 움츠러들었다. 나에겐 다른 도전이 필요했다.

또래 학우들이 육, 해, 공군에 각각 입영하던 때에 나도 입대를 위해 군 휴학을 했다. 입대 여부는 선택할 수 없지만 어떤 군대를 선택하느냐는 개인의 자유이다. 처음부터 사람들이 가장 많이 지원하는 육, 해, 공군은 내 고려 대상이 아니었다. 나는 일부러 해병대에 지원했다. 경직된 병영 문화, 철저한 위계질서, 강도 높은 훈련, 가혹한 내무 생활은 해병대가 가진 이미지였다. 타인의 작은 부탁도 거절하지 못하는 내 모습은 해병대의 강함과 상반됐다. 아직 폭언과 구타가 남아 있다는 흉흉한 소문도 해병대를 더욱 두렵게 만드는 데 일조했다.

그러나 역설적이게도 해병대에 대한 두려움이 커질수록 집념도 커졌다. 불안을 대하는 내 태도 때문이었다. 해병대는 100% 자원 입대여서 지원하지 않으면 그만이다. 굳이 해병대를 고려하지 않아도 괜찮았다. 하지만 기피할 수 있는 상황에서 무섭다는 이유로 도망가 버리면 내 자신에게 지는 것 같았다. 그래서 도망가지 않고 정면으로 부딪히기로 결심했다.

망설이던 내 자신을 설득하는 데 결정적인 요소는 '성장'에 대한

확신이었다. 해병대 자진 입대도 경기도 횡단, 울릉도 일주, 백두대
간 종주 등 과거 도전들과 비슷하게 다가왔다. 두려움과 불안에 지
지 않으면 달콤한 보상이 여정의 끝에 분명히 있을 것이란 믿음이
있었다. 물론 모든 것이 막연했던 것이 사실이다. 뿌연 안개 속에
방향을 잃고 조난당한 느낌이었고, 그렇기 때문에 지푸라기라도 잡
으려는 절박함으로 해병대에 지원하여 합격했다.

　백령도에서의 군 생활은 참 고단했다. 관계 속에서 심리적으로 굉장히 취약했던 나에게 거친 군대 문화는 큰 폭력으로 다가왔다. 비록 장난으로 시작했을지라도 선임병의 거친 언행은 마음의 상처로 다가왔다. 나는 점차 의기소침해졌고, 그럴수록 상대방은 감정을 실어 괴롭혔다. 선후임 대부분이 폐쇄적인 공동체에 적응하지 못하는 나를 무시했고, 진지하게 자살을 생각했을 만큼 극도의 불안을 느꼈다. 영원한 고통이 나를 괴롭힐 거라는 절망감과 함께 호기로웠던 해병대 도전은 큰 위기를 맞았다. 정말 서술하기 힘들 정도로 외로운 시간이었다. 하지만 끝내 무너지지 않았다. 나는 당시 상황과 감정을 공책에 자세히 기록했는데, 어려움을 이겨낸 과정을 책으로 출판하고 싶은 소망 때문이었고, 언젠간 극복할 수 있다는 믿음이 내면 깊숙이 뿌리내리고 있음을 의미했다. 그 내공이 내가 버틸 수 있었던 동력이었다.

전역 직후, 나는 복학 대신 1년 휴학을 결심하고 패밀리 레스토랑 아르바이트를 2주일 만에 구했다. 인간관계에서의 두려움을 없애는 것이 궁극의 목표였기 때문에 오히려 손님들과 대화할 수 있고 직원 수가 많은 아르바이트에 지원했다. 군대에서 호되게 당했던 만큼 긴장감으로 온몸이 경직됐다. "내가 잘할 수 있을까? 괜히 또 상처받는 것은 아닐까?" 걱정과 불안이 나를 주춤하게 만들었다. 그러나 어미 사자가 절벽에 새끼들을 떨어뜨리며 강하게 키우듯, 나도 배수진을 치며 결의를 다졌다. "무서워? 그럼 동민, 넌 도망칠 수 없어."

실제 전체 직원 20명이 넘는 큰 규모의 식당이었고, 레스토랑 특성상 테이블 담당제였기에 좋든 싫든 다양한 사람들을 접대해야만 했다. 좀 익숙해졌을 땐 생일을 맞이한 손님을 위해 기타를 치며 축하 노래를 불러줬다. 약 7개월 간의 근무 기간 동안 동료들과 좋은 추억을 만들었고, 이 시기에 연애를 시작하여 사랑하는 경험도 할 수 있었다. 조금씩 삶에서 변화를 느끼기 시작했다.

　대학 복학 직전에 한 친구가 나에게 전화를 했다. 과거에 친하게 지냈던 그는 대형 프로젝트가 있어 자신을 도와줄 사람을 찾다가 내가 생각났다고 말했다. 함께 기획해보자는 그의 제안을 들었을 때 거부 반응이 확 느껴졌다. 큰 규모의 프로젝트 경험이 전무했고, 무엇보다 여러 사람들을 이끌어야 하는 상황을 상상하니 덜컥 겁이 났다. 이제서야 사람들과 가까스로 관계를 맺을 수 있게 됐는데, 조직의 장(將)이라니! "나는 안 될 거야", "나는 리더 자격이 없어" 등 내면에서 또다시 수많은 외침이 들려왔다. 불안으로부터 달아나고 싶었다. 그러나 다리가 후들거릴 정도로 불안할지라도, 언제나 도망치지 않았던 자부심이 나를 버티게 만들었다. 결국 그 제안을 수용했고, 기획운영팀장이 되어 9명의 팀원을 이끌고 한 학기 동안 사방팔방 돌아다녔다. 물론 순조롭지만 않았다. 조직 내 총무와 갈등이 생겨 응어리를 가슴에 지닌 채 수십 번 후회했던 적도 있다. 잠을 제대로 못 자는 등 온갖 우여곡절을 겪은 후, 마침내 총인원 700여 명이 참석하는 '사랑의 마라톤' 행사를 성공적으로 끝마칠 수 있었다. 포항시 장애인과 대학교 학생들이 함께 마라톤 하는 모습이 MBC 뉴스에 방영되는 것을 보면서 내 선택이 틀리지 않았음을 다시 한번 인정했다.

필사적인 노력과 함께 사람들로부터 긍정적인 반응을 얻자 조금씩 자신감이 생겼다. 이후에도 내게 찾아오는 도전의 기회를 뿌리치지 않았다. 상담심리사회복지학부 대표로 선출되어 1년 동안 학부 예산 관리 및 행사 기획을 담당했고, 이후 모든 학부 대표들의 의장까지 역임해서 학생 정치에도 참여했다. 매번 낯선 도전에서 오는 막막함과 두려움에 위축된 것도 사실이지만, 선택의 순간이 되면 불안이 유혹하는 반대 길을 택했다. 그 결과, 기숙사 룸메이트에게조차 말 걸기 힘들었던 과거에서, 대학 교내 대소사는 물론 정책 변환에 목소리를 내는 학생 리더로 성장할 수 있었다. 오늘날의 나는 사회공포증을 상당히 극복했다.

해병대에서 죽고 싶었을 때 포기하지 않도록 나를 버티게 해준 '내공'은 어디에서 기인된 것이었을까? 전역 후 오히려 사람들과 마주쳐야 하는 아르바이트를 선택한 '용기'의 정체는 무엇일까? 그리고 처음 조직의 리더를 맡았던 '결단'은 어떻게 가능했을까? 모든 질문의 답은 바로 과거부터 도전하며 포기하지 않았던 '경험들'일 것이다.

에필로그

과거 지독한 외로움과 불안은 뜻밖의 선물을 나에게 안겨주었다. 해답을 찾아 헤맸던 긴 시간에서 나 자신을 깊이 이해하고 싶은 동기가 생겼고, 이는 대학교 복학 후 상담심리학 전공으로 이어졌다. 공부를 하면서 심리학적인 지식을 스스로에게 적용하는 등, 오랜 노력 끝에 결국 변화의 실마리까지 찾을 수 있었다. 또한 이전엔 볼 수 없었던 세상으로 나를 인도했다. 심리적으로 고통을 겪고 있는 사람들을 돕고 싶은 열망을 느끼곤 임상 및 상담심리학 대학원에 진학하여 다양한 영역에서 사람들을 돕는 목표를 가졌다.

하지만 꼭 이루겠다는 각오를 다졌음에도 불구하고 여러 문제들이 내 앞길을 막았다. 학부 시절의 낮은 학점과 영어 점수 등이 걸림돌이 된 것이다. 심리적 방황을 과거에 겪으면서 학업에 신경 쓸 수 없었다. 심리전문가의 꿈이 생기고 마음의 안정을 가지면서 조금씩 성적을 끌어 올릴 수 있었지만, 대학원 지원에 있어서 충분하지 않아 걱정했다. 이런저런 이유로 자신감이 없어지고 부정적인 생각이 다시 고개를 쳐들었다. "나는 자격이 부족해", "나보다 더 뛰어난 사람들이 많아." 무력함의 늪지대에 서서히 빠져들었으며, 매번 반복되는 부정적 심리 구조에서 영원히 구속되는 건 아닐까 침울함을 느꼈다. 그러던 중 우연히 한 기업에서 내건 구인 공고를 보았다. EAP(Employee Assistance Program)를 전문으로 운영하는 회사로서, 근로자에게 상담 서비스 등 삶의 질을 향상시켜주는 프로그램을 제공한다는 점에 호기심을 가졌다. 정신보건 영역이라는 점에서 공통점이 있었지만, 갑작스러운 진로 변경은 어김없이 불안을 야기했고 새로운 도전은 위험하다며 스스로를 익숙한 길로 유혹했다.

　삶이란 자신의 한계와 마주해 선택해야 하는 순간들의 총집합인 것 같다. 돌이켜보면 내가 불안을 느꼈던 순간들은 모두 '도전한다' 또는 '포기한다'의 갈림길이었다. 홍보단 동아리 지원, 해병대 입대, 큰 규모의 프로젝트 팀장 그리고 학부 대표와 학생 정치 리더 선출까지, 매 순간마다 두려움과 용기의 팽팽한 접전이 일어났지만 언제나 도전이 승자였다. 따라서 이번에도 도망가지 않는 선택을 했다. 그리고 현재 사업팀에서 EAP 사업을 관리하는 업무를 담당하며 성장하고 있다.

만약 이우학교가 아닌 일반 학교에서 학창 시절을 보냈다면 어땠을까? 예상컨대 내 삶은 많이 달라졌을 것이다. 푸른 해안 도로를 바라보며 걷는 대신 학원에서 청춘을 보냈을 것이고, 힘든 친구에게 조금만 힘내자 응원하는 대신 그들과 성적으로 경쟁했을 것이다. 최고의 상품이 되기 위해 1등급 벼로 재배되는 환경에서 내 도전 DNA는 적응하지 못하고 도태됐을 것이다.

도전했기에 성장할 수 있었고, 용기 덕분에 도전할 수 있었다. 그리고 용기가 발휘될 수 있었던 이유는 그동안 내가 쌓아 올린 도전의 경험 덕분이라고 생각한다. 또한 이는 지속적으로 적립되어 앞으로 내가 마주할 어려움에 대항할 힘이 될 것이라 믿어 의심치 않는다. 그래서 나에게 이우학교는, 나다운 경험을 통해 성장할 수 있었던 '터'다. 그리고 이곳이 언제까지나 다양한 학생들의 씨앗이 건강하게 자라날 수 있는 장소로 기억되길 진심으로 바란다.

배우기, 가르치기,
다시 배우기

그 시절 난 뭘 배웠었지?

"명식아, 중학생들이랑 책 한 번 읽어보지 않을래?"

지금 돌이켜봐도 뜬금없는 제안이었다고 생각한다. 고교를 졸업하고 햇수로 6년, 군대를 제대하고 2년, 동네 인문학 공동체인 문탁네트워크에 다시 기웃거리기 시작한지도 2년. 아무튼 그 몇 년 동안 나는 한 번도 내가 누군가를 가르치고 싶어한다는 생각을 해본 적이 없었다. 당연히 그런 욕심을 드러낸 적도 없었다. 그래서 아직 대화도 어색했던 문탁네트워크의 선생님들이 내게 중학생들과 독서수업을 한 번 운영해보지 않겠느냐고 제안하셨을 때 나는 그저 얼떨떨한 심정이었다. 그리고 여전히 얼떨떨한 가운데, 나는 고개를 끄덕였다.

"해보죠 뭐."

딱히 별다른 이유는 없었다. 굳이 찾자면 '거절할만한 이유가 없다'는 게 이유였을까. 일주일에 한 번, 토요일에 두 시간씩의 수업. 큰 부담은 아니라는 생각이 들었고 적게나마 급여도 있었다. 더욱이 책읽기와 글쓰기라면 내가 자신 있게 내세울 수 있는 몇 안 되는 특기이기도 했다.

물론 그런 내 생각이 얼마나 안일했는가는 머지 않아 드러났다. 선생님들의 '아이들과 책 한 번 읽어보지 않을래'란 제안은 정확히 말해 '수업을 맡아보지 않을래'란 의미였고, 그것은 다시 '커리큘럼을 짜보고, 구체적인 수업 컨셉도 짜보고, 홍보도 하고, 실제 아이들과 수업 진행도 하고, 그 외 수업과 관련된 잡다한 것들을 관리해보지 않을래'란 뜻이었다. 이미 가르칠 내용과 해야 할 일이 정해져 있는 학교 수업과는 달리 동네 인문학 공동체의 독서 수업이란 실로 방대한 자유도를 지니고 있었다. 즉, 수업의 A부터 Z까지를 전부 하나하나 짜 올려야 했다.

나는 곧 패닉에 빠졌다. 뭣 하나 떠오르는 게 없었다. 내가 지금 무얼 모르는지도 모르니 고민도 시작할 수가 없었다. 다시 말하지만 난 그때까지 누굴 가르치겠다는 생각도 그런 경험도 없는 사람이었다. 상상의 경험조차 없는 문외한이었다.

그렇게 머리를 싸매고 며칠이 지났을 즈음, 마침내 영감 하나가 번개처럼 내 머릿속을 스치고 지나갔다.

'그래, 난 누굴 가르쳐본 경험은 없지. 하지만 누구한테 배워본 경험은 많잖아.'

나는 중학교와 고등학교 시절을 이우학교에서 보내면서 배웠고, 졸업 후에는 대학교에서 배웠고, 대학교를 다니면서도 서울의 인문학 공동체와 강좌 프로그램들을 찾아다니면서 배웠고, 문탁네트워크에서도 배웠다. 그 중에서도 내가 중학생-고등학생 시절 받았던 수업들을 어떻게든 본뜬다면 그럭저럭 중학생들을 위한 수업을 만들 수 있지 않을까?

그제야 나는 비로소 새 여정의 시작점에 발을 디뎠다. 그리고 앞으로 나아가기 위하여, 지금껏 지나왔던 길을 돌아보았다. 돌아보며 스스로에게 물었다.

그 시절 난 뭘 배웠었지?

배움의 즐거움이란, 원스텝

문득 이우학교에서 했던 수업 하나가 떠올랐다. 정규 교육 과정은 아닌, 학부모님들이 진행하던 일종의 방과 후 수업. 우리끼리는 '독세'라고 줄여 부르던 '독서세미나.' 덧붙이자면 지금 문탁네트워크에 계신 문탁 이희경 선생님을 내가 처음으로 만난 수업이기도 했다.

그때 나는 중학교 3학년, 혹은 고등학교 1학년 즈음이었다. 어린

나이라고 할 순 없어도 어른이라고 하기엔 한참 모자란 나이. 그런 우리에게 이희경 선생님이 읽히신 책들은 대학생이나 어른들도 버거워할 그런 책들이었다. 동양에 대한 서양의 담론을 역사적으로 분석한 에드워드 사이드의 『오리엔탈리즘』원전, 탈식민주의에 대해 정신분석학적 접근을 시도한 프란츠 파농의 『검은 피부 하얀 가면』, 멕시코의 포스트모던 게릴라 '마르코스'의 성명서들인 『우리의 말이 우리의 무기입니다』등등…….

그 수업에서 가장 힘들었던 것은 가장 기본적인 일, 그러니까 '책을 읽어오는 것', 바로 그 자체였다. 책의 난이도도 난이도였거니와 학교의 빡빡한 수업 일정 탓에 시간을 내기도 어려웠다. 그래도 아예 시간을 내는 게 불가능했다거나 그 정도는 아니지만, 그렇게 힘겹게 낸 시간에 놀기도 바쁜데 그걸 포기하고 책을 읽어야 한다는 건 그 시절 우리에겐 아무래도 너무 버거운 일이었다. 때문에 독서 세미나 시간에는 수박 겉핥기로 후다닥 책을 읽어가는 일이 부지기수였다. 눈길을 끄는 부분만 집중적으로 읽어간다거나 하는 일도 잦았다.

그에 비해 그 수업에서 가장 즐거웠고 또렷이 남아있는 순간들은 그 책들을 가지고 세미나 시간에 열띠게 내 목소리를 낼 때였다. 당연하지만 책을 제대로 읽질 않았으니 엉뚱한 말도 많았을 것이다. 내가 꽂힌 부분에 대해서만 똑같은 말을 되풀이했을 수도 있고, 내 경험과 맞아떨어지는 느낌이 드는 부분에 대해서만 떠들어댔을 수도 있다. 나뿐만 아니라 다른 친구들도 마찬가지였을 것이며, 그런 이야기들이 서로 맞부딪히며 책 내용과는 영 동떨어진 방향으로 이야기가 흘러갔을 수도 있다. 하지만 문탁 선생님은 참을성 있게 우리가 각자의 목소리를 낼 수 있도록 해주셨다. 그 결과, 독서 세미나의 기억은 나에게 어떤 '책읽기의 즐거움'을, '배움의 즐거움'을 남겨주었다. 그것은 책의 저자가 말하는 바를 완벽하게 깨치고 해석하는 데서 오는 그런 즐거움이 아니라, 어떠한 배움을 스스로 나 자신의 맥락 속에 위치시켜보고 그것을 '나의' 목소리로, '나의' 삶의 표현으로 만드는 데서 오는 즐거움이었다.

생각해보면 그것 말고도 내게 남은 이우학교의 기억은 다 그러한 경험에서 온 것들이었다. 연극, 뮤지컬, 여행, 끊임없는 새로운 경험들에 마냥 즐겁기만 했던 이우 중학교 시절이 끝나고 이우 고등학교에 처음 올라갔을 때. 전국 등수가 낱낱이 공개되는 모의고사를 처음 치르고 입시 앞에 내던져진 자신들의 처지를 느닷없이 깨달았을 때. 장차 수능 앞에 모두가 경쟁 상대가 되고 숫자 하나에 일희일비해야 하는 자신들의 현실을 직접 체감했을 때. 그래서 서로 말이 점점 줄어가고, 눈치를 보는 일들이 늘어가고, 교실에 냉랭한 분위기만이 감돌기 시작했을 때. 그때 우리는 무력함 속에서 저마다 고독하게 천천히 가라앉아 가다가 몇몇 선생님의 도움을 받아 스스로 발버둥치기 시작했다. 서로의 마음을 터놓을 수 있는 자리를 함께 계획했고, 학원에 가지 않고도 서로 배우고 가르치며 공부를 봐줄 수 있는 프로그램들을 고안하고, 갈라져나간 관계를 다시 이을 수 있는 방법들을 짜내고 실행했다. 물론 그것들이 대단한 성과를 내지 못했을지라도, 적어도 내가 학교에서 옳다고 배운 가치들을 그저 지식으로 남겨두는 게 아니라 내 삶 속에서 실천할 방법을 능동적으로 모색할 수 있었다는 점에서 나는 그로부터 진정 많은 것들을 배웠다. 심지어 그건 대학교에서도 마찬가지였다. 나는 다양한 사회와 문화를 연구하는 인류학과에 진학했고, 그 현장들에서 지금껏 내가 책을 통해 배워온 내용들을 실제로 분석에 적용해가며 실습해볼 수 있었다. 그 경험들은 내게 큰 배움을 준 동시에, 대단히 즐거운 경험이기도 했다.

물론 모든 공부가 그러해야 한다는 건 아니다. 텍스트를 저자가 의도한 대로, 정확한 내용 그대로 이해하는 것은 매우 중요하다. 하지만 그것이 가능하려면 그러고자 하는 학습자의 욕망이 필요하다. 그런 공부가 필요하다고 스스로 느끼고, 자신이 그것을 즐거워할 수 있어야 한다. 그를 위해 배움은, 앎은 삶과 별개가 아님을 우선 알아야 한다.

'배움의 즐거움이란 그것을 내 방식대로 내 삶 안으로 가져와 내 몸짓과 내 목소리로 표현할 때 느끼는 것.' 그 문장을 가지고, 나는 중학교 아이들과의 독서 수업을 천천히 짜 나갔다.

그렇게 기획된 수업, 〈문탁 중등인문학교〉는 2015년 말부터 2018년 초까지 햇수로 3년, 기간으로 2년 좀 넘도록 이어졌다. 그 수업을 하면서 나는 이우학교 시절 내가 힘들었던 일들과 즐거웠던 일들을 계속 떠올렸고, 다른 그 무엇보다도 (설령 책을 다 읽어오지 못하더라도!) 아이들이 자기 생각을 말하고 각자의 목소리를 내고 그것들을 글로 표현할 수 있도록 하는데 집중했다. 그리하여 처음 시작할 때 중학교 1학년 말이었던 아이들이 고등학교에 입학하게 되었을 즈음 수업을 그치기로 했다. 중간 중간 나간 아이들도, 새롭게 들어온 아이들도 있었지만 수업은 항상 열 두 명 정도를 유지했고 그 중 예닐곱 명 정도는 합류한 뒤로 한 번도 빠짐없이 계속 나와 함께 책을 읽었다. 2019년 7월에는 그 수업의 이야기들을 엮어 또 한 권의 책으로 내기도 했다.

그 수업의 과정에서 아이들이 정확히 무엇을 느꼈는지는 알 방도가 없다. 물론 정말 좋았다고 한 아이들도 있었지만 모두가 그랬는지는 알 수 없는 일이고 그 애들이 나를 생각해서 어느 정도 립서비스를 더했을 수도 있는 일이니까(어느 쪽이건 고마운 일이긴 하다). 하지만 적어도 수업 중에 아이들이 한 말들을 통해, 그 애들이 써낸 글들을 통해 우리가 함께 읽은 책의 내용들을 아이들이 각자 삶의 문제 속에 끌어들이려 한 시도가 있었음은 분명히 알 수 있었다. 나는 다만 내가 그러했던 것처럼 그 경험들이 그 아이들에게도 배움

의 즐거움으로 남길 바랄 뿐이다. 그것이 내가 중등인문학교 수업
을 기획하면서 의도했던 것이었으니까.

헌데, 중등인문학교 수업은 내가 의도하지 않았던 것 또한 남겼
다. 아이들에게가 아닌 나에게. 그것은 바로 또 다른 배움의 즐거움
이었다. 배움을 내 목소리로 말하는 즐거움이 아닌 ─ 나 아닌 다른
누군가의 목소리로 들을 때의 즐거움.

학생이 아닌 선생의 입장에서, 나는 예전 문탁 이희경 선생님이
나에게 그러했듯 아이들의 목소리를 이끌어내고 그를 참을성 있게
귀 기울여 듣는 입장이 되어야 했다. 아이들이 저마다의 삶 속에 어
떻게 책의 이야기들을 위치시켰는가를 찬찬히 들어주어야 했다. 그

리고 그 과정에서 내가 느낀 것은 나와 아이들의 감각이 놀랍도록 다르다는 점이며, 그 아이들의 생각과 목소리가 번번이 내 예상을 빗겨나간다는 점이었다. 가령 '학교'를 주제로 한 수업을 준비하고 책들을 고르면서, 나는 내심 아이들이 '학교'에 대해 근본적인 물음을 던지는 이야기들을 하게 되지 않을까 생각했다. "우리는 결국 학교에서 배운 걸 나중에 잘 써먹지도 않잖아. 학교에선 다른 사람들을 대하는 방법도, 일터에서 일하는 방법도, 아무튼 실생활에 유용한 건 제대로 가르쳐주지 않아. 그럼 난 학교를 왜 다니는 거지?" 이런 종류의 물음들. 그리고 녀석들이 그런 말들을 하게 되었을 때 나는 어떠한 대답을 돌려주어야 하는가에 대해서도 고민했다. 그런데 웬걸, 정작 녀석들은 일말의 망설임도 없이 "학교를 왜 다니는가"에 대한 대답을 내놓는 게 아닌가?

"친구를 만나러 가는 거죠!"

생각해보니 옳은 말이었다. 단지 나이라는 공통점 외에는 수두룩한 차이들을 가진 녀석들이 모여드는 곳이 바로 학교이고, 아이들이 깨어 있는 동안 가장 오랜 시간을 보내는 곳도 학교이니 학교만큼 친구 사귀기 좋은 곳은 또 없다. 나 또한 친구들과 선생님들과 함께였기에 이우학교에서 위에 말한 여러 시도들을 할 수 있었고, 배움의 즐거움을 깨칠 수 있었다. 학교가 마냥 무용한 곳이라면 그런 것이 가능했을 리 없다. 그런데 나는 왜 아이들이 학교를 다니는 이유에 대하여 어떤 답도 찾지 못하리라 지레짐작했던 걸까?

그때뿐만이 아니었다. '집과 가족'을 주제로 한 수업에서도, '마을'을 주제로 한 수업에서도, '세상'을 주제로 한 수업에서도 녀석들은 끊임없이 내 예상을 뛰어넘었다. 내가 너무나 잘 알고 있다고 생각한 주제들을 자기 삶의 맥락과 엮어내어 내가 결코 생각지 못한 방향에서 볼 수 있는 소중한 기회를 주었다. 녀석들의 목소리를 듣고 녀석들의 글을 읽을 때마다 굳어 있던 나 자신이 깨져나가는 것을 느꼈다. 그것은 놀랍고도 소중한 경험이었다.

그리하여 중등 인문학교 수업이 끝나갈 무렵, 나는 배움의 즐거움에 대하여 또 하나의 문장을 쓸 수 있게 되었던 것이다.

'배움의 즐거움이란, 다른 이의 몸짓과 목소리로 표현되는 공부를 통해 나 자신을 변화시키고 다른 이와 닿게 할 수 있는 데서 오는 것.'

공부, 함께, 삶, 바로 그러한 비전

처음 수업을 준비할 때, 나는 '배우는 자'였던 때의 기억을 돌아보고자 했다. 그 다음 수업을 진행하면서, 나는 '가르치는 자'가 되고자 했다. 하지만 수업이 끝나고 나니 나는 또한 '배우는 자'가 되어 있었다. 나의 선생님들과 나는, 나와 내가 가르친 아이들은 서로에게 배우고 서로에게 가르치면서 삶을 만들어 나가는 경험을 했다. 그 배움과 가르침의 선이 우리를 하나로 잇고 있다. 때문에 앎

과 삶은 하나이며, 혼자가 아니라 함께여야 가능한 것이리라. 서로
가 스승이자 제자인 동반자, '친구'로서.

그것은 나에게 있어 하나의 비전이 되었고 지금도 나는 여전히
그 비전을 따라가고 있다. 지금 나는 오랜 동안 함께 공부해온 친
구들과 함께 문탁네트워크 맞은편 '청년 인문 스타트업' 〈길드다〉
에서 활동 중이다. 청년 인문 스타트업이라는 생소한 수식어는 말

그대로 우리가 함께 한 공부인 인문학을 통해 사업을—'일'을 벌려보겠다는 뜻이다. 그 '일'이란 인문학으로 함께 돈을 벌 수 있는 그런 '일'인 동시에, 적은 돈으로도 (혹은 돈 없이도) 함께 먹고, 자고, 놀고, 활동할 수 있는 그런 삶의 구성을 모색하는 '일'이기도 하다.

그처럼 대담한 일을 꾸미고 있는 〈길드다〉의 멤버들은 하나같이 제각각이다. 먹물에 책상물림인 내가 있는가 하면 고등학교를 자퇴한 래퍼가 있다. 동양고전에 탐닉하는 친구가 있는가 하면 현직 프리랜서 목수도 있으며, 이제 막 예술의 길을 고민하는 풋내기 디자이너도 있다. 이 따로국밥 멤버들은 똑같은 책을 읽어도 저마다의 맥락으로 받아들여 목소리를 내고 똑같은 일을 함께 할 때도 서로 다른 방식으로 처리하려 든다. 그 과정에서 싸우고 지치고 그러다가도 의기투합했다가 다시 갈라졌다가 다시 합치기를 반복하는 건 차라리 당연한 수순이다. 그리고 바로 그 과정을 통해 우리는 끊임없이 서로를 변화시켜가며 매순간 달라지는 각자의 목소리를 찾아간다. 그렇게 함께 배우고 가르치면서 공부를 통한 공통의 삶의 궤적을 그린다.

만일 지금 이 글을 그 친구들이 본다면 〈길드다〉가 지나치게 미화되었다며 나를 나무랄지도 모른다. 나는 쉽사리 그를 부정할 수 없다. 실제 이번 주만 해도 〈길드다〉 사무실을 공사하느라 다들 몸이 갈려나가고 있고, 그 지친 가운데 서로를 향한 짜증이 스멀스멀 올라오고 있고, 그러면서도 이 고비를 넘기기 위한 방법을 함께 머리를 감싸 쥐고 고민하고 있으니까. 실제 이 글만 보면 물 흐르듯 자연스럽게 이어져왔을 것만 같은 배움과 가르침의 여정은 사실 매 순간순간이 현실적 난관과 고뇌와 불안들로 가득 차 있었고 아마 앞으로도 그럴 것이다. 하지만 그럼에도 불구하고 나는 아직 이 길 위에서 내려갈 생각이 없다. 이우학교에서, 중등인문학교를 통해, 〈길드다〉와 함께 따라가고 있는 그 비전에 대한 믿음이 아직 유효하기에. 내 수많은 선생님들과 내 수많은 제자들과 내 수많은 친구들이 결코 그 믿음을 바래지 않도록 하고 있기에.

자, 내일은 다시 사무실에 공사하러 나가야 한다. 그러니 이 글은 이쯤 하도록 하자. 내일 그 현장에서 그 친구들과 함께 또 무얼 배우고 무얼 가르치게 될지 알 수 없으니까.

조금 멀리 돌아

이우학교에서 얻은 것과 그렇지 못한 것

나이듦에 대해서 꽤 둔감한 삶이었다. 남들보다 조금씩 늦었던 나는 군대에서도, 재수학원에서도, 뒤늦게 입학한 대학교에서도 항상 나이가 많았지만 이에 대해서 한 번도 크게 의식하지 않고 살았다. 그랬던 내가 처음으로 나이듦을 의식하게 된 건 올해 봄이었다. "누구는 어느 회사에 취직했대", "이번에 누가 결혼을 한대" 이런 친구들의 소식이 하나 둘 들려왔다. 그런 소식을 들으면서 속으로 '벌써?'라고 생각하다가 문득 나도 어느 새 나이 30을 눈앞에 두고 있다는 걸 깨닫고는 묘한 기분에 사로잡혔다.

그렇게 들려오는 소식들 중에서도 더 크게 와 닿았던 건 초등학교, 중학교 때 친구들의 소식이었다. 고등학교는 이우학교에서 보냈지만 중학교까지는 일반 학교를 다녔던 나에게 그 친구들의 소식은 오랜만이기도 했고, 이우학교 친구들의 소식과는 다른 색을 띈 경우가 많았다. 가장 기억에 남는 건 중학교 때 친했던 친구가 대기업에 들어가서 잘 지내고 있다는 소식이었다. 중학교 때까지 공부도 함께했고 학교 성적도 비슷했던 친구였기 때문에 잘 살고 있다는 그 친구의 소식에 '나도 일반 학교를 계속 다녔으면 저런 삶을 살고 있겠구나' 하는 생각이 들었다. 인정하긴 싫었지만 이제 겨우 대학교 졸업반인 내 모습에 비해 안정적인 직장인으로 사회에서 제 몫을 하고 있는 친구의 소식에 순간적으로 부럽다는 생각이 들었다. 그리고 그 이후에 따라오는 생각은 자연스럽게 '나도 이우학교를 다니지 않았다면 지금쯤 저런 안정된 삶을 살고 있을까'라는 것이었다.

물론 10초도 지나지 않아 그냥 웃어 넘겼다. 나도 지금 충분히 행복한 삶을 살고 있는데 굳이 갖지 못한 것만 비교할 필요가 없다고 생각했기 때문이다. 하나를 얻으려면 뭔가는 포기하는 게 당연한 일이라고 생각한다. 고등학교 졸업 후 바로 명문대나 대기업에 가지는 못했지만 충분히 가치 있는 많은 것을 이우학교에서 얻었다. 종종 이런 생각을 하던 시기에 마침 졸업생들의 이야기를 모아 책을 낸다는 연락을 받게 되었다. 나 스스로도 이우학교에서 얻은 것과 포기한 것은 무엇이었는지 생각해보고 있던 시기였기 때문에 이번 책을 내는 일에 참여하게 되었다.

이 글을 쓰면서 이우학교 졸업 후 어떻게 살아왔는지 처음 생각 해본 것은 아니었다. 처음으로 내 인생을 돌아보게 된 것은 2019년 5월 이우고등학교로 교생실습을 나갔을 때였다. 교생실습 기간 동 안 이우학교 출신이었던 나에게 학생들이 가장 많이 한 질문은 "이 우학교 졸업하면 어때요?"였다. 당시엔 그 짧은 질문 하나에 너무 많은 대답이 떠올라서 어떻게 대답했는지 기억이 잘 나지 않는다. 딱 하나 기억나는 건, 차마 그 학생들에게 "대학가기는 힘들어"라 고는 말하지 못했다는 것이다.

12살 차이가 나는 학생들의 그 질문을 받았을 때, 나는 이우학 교에서의 내 모습이 떠올랐다. 이우학교에 오기 전 일반학교를 다 녔던 나는 모범적이고 공부도 꽤 잘하는 학생이었다. 당연히 주위 친구들처럼 특목고에 진학할 줄 알았던 중학교 3학년의 나에게 부 모님은 어느 날 이우학교에 대한 정보를 주셨다. 그렇게 그해 여름 에 참가한 이우학교 여름캠프는 내 인생을 180도 이상 바꿔 놓았 다. 그 안에서 했던 모든 활동이 충격적으로 재밌었던 나는 이우학 교에 지원하게 되었고, 높은 경쟁률을 뚫고 이우학교에 입학하게 되었다. 이우학교에서의 삶은 캠프에서 체험한 것 이상으로 즐거 웠다. 엠티, 한 여름 밤의 꿈, 해외통합기행, 구나의 바다, 히말라야 등반, 농사, 동아리, 인턴쉽, 김장 그리고 맛있는 유기농 급식까지 모든 것이 좋았다. 중학교 때까지 소심한 성격이어서 친구가 그리

많지 않았던 나에게 이런 활동을 함께하며 가까워진 친구들은 너무 소중했다. 거의 학교와 친구들에게 미쳐서 보낸 3년이었다.

혼돈의 고3

이런 내가 처음으로 학교에 조그만 불편함을 느끼기 시작한 건 입시를 앞둔 고등학교 3학년 여름 즈음이었던 것 같다. 대학 진학에 관심이 있는 친구들은 하나 둘씩 입시와 관련된 문제집을 사서 풀기 시작했다. 3학년 전용 도서관이 생겼고 학교에 남아 공부하는 친구들이 눈에 띄었다. 요란하게 입시 분위기를 내지는 않았지만 지금까지와는 뭔가 다른 학교가 되어간다는 느낌이었다. 일반 중학교에서 온 나는 고등학교 입학 당시만 해도 공부를 잘하는 편이었지만, 이우학교에서는 유독 공부만은 재미를 붙이지 못했다. 공부보다 재미있는 일들이 너무 많았고, 그런 것들을 체험하기에 이우학교는 최적화 되어 있었으니까. 학교는 언제나 과제를 끊임없이 던져주었기에 입시에는 현실적인 어려움도 있었다. 3학년 즈음에 성적은 자연스럽게 곤두박질쳤고 몇몇 과목들은 거의 포기한 상태였다. 그럼에도 주위 어른들은 아무도 공부에 대한 압박을 주지 않았고, 학교에서는 대학만이 인생의 전부는 아니라고 말했다. 지금 돌이켜 생각해보면 그 당시에는(나는 고등학교 4기였지만, 내 친구들은 중학교로 치면 1기였다) 공부하라는 말에 대해 학생, 학부모, 선생님

모두가 지금보다 더 예민하고 조심했던 시기였던 것 같다. 과열된 입시, 무한경쟁의 교육에 대한 대안으로 나온 이우학교이기에 이는 당연한 일이었지만, 아이러니하게도 고등학교 3학년이 된 나는 서서히 입시 압박을 느끼고 있었다.

사실 이는 자연스러운 결과였다. 절대 다수의 20살들이 대학을 진학하는 대한민국에서 고등학교 3학년에 대학을 당장 포기하는 것은 현실적으로 어려운 일이었다. 아무리 이우학교고 우리가 대학만이 인생의 전부는 아니라고 떠들어댔어도 말이다. 집에서도 '그래도 대학은 가야 한다'는 입장이었다. 그리고 기왕이면 좋은 대학을 가서 우월감을 느끼고 싶다는 마음도 있었다. 이 시기는 나에게 처음으로 마냥 좋기만 했던 이우학교에 대해 부정적인 감정을 안겨주었다. 좋은 대학은 가고 싶은데 현실적으로 공부를 해본지는 너무 오래되어 입시를 준비하는 게 너무 힘들었다. 그래도 중학교 때까지 공부에 자신감이 있었기 때문에 힘들 때마다 자괴감이 들었고 합리화가 필요했다. '이우학교는 공부에 집중하기에는 너무 할 일이 많아', '남들 다 하는 사교육도 못하는데 내가 못하는 건 당연해', '이과는 사람이 너무 적어서 내신 성적 따는 게 너무 힘들어'라고 속으로 외치며 마지막 이우학교에서의 시간이 갔다.

재수, 재수학원 탈출

　당연히 수능을 시원하게 망쳤다. 그리고 자연스럽게 남들처럼 재수를 하게 되었다. 수내역에 지금도 있는 큰 재수학원에서 이듬해 1월부터 재수를 시작했다. 재수학원에 들어갔을 때 받은 느낌은 충격적이었다. 그 충격은 일반학교를 다니다 이우학교에 처음 왔을 때 느꼈던 것보다 더 크게 다가왔다. 생에 처음으로 하루 12시간 이상을 강제로 공부해야 했고, 학원 선생님들은 자습시간까지 뒤에서 학생들이 졸거나 딴 짓 하지 못하도록 감시했다. 솔직히 말하자면 그 땐 이러다 미쳐버리는 줄 알았다. 이우학교에서 3년 내내 부정해왔던 삶이 바로 그곳에 있었으니까 말이다. 이우학교는 그냥 이상일 뿐이었고, 대학을 가기 위해서는 재수학원이 현실이었다. 나약했던 20살의 나는 도망치고 싶을 때마다 '이건 내가 이우학교에서 배운 교육이 아니야'라고 생각했다. 결국 나는 두 달도 버티지 못하고 재수학원을 뛰쳐나왔다. 그리고 그 과정에서 재수를 진득하게 하길 바라셨던 부모님과도 생애 첫 갈등이 생겼다. 당연히 내가 논리적으로 부모님을 설득할 수는 없었다. 재수학원을 너무 가기 싫었던 나는 결국 현실 도피성 가출이라는 극단적인 선택을 하게 되었다.

20살에 가출이라 하면 하루 이틀 뒤에 집에 돌아왔을 거라고 생각하겠지만, 나는 반년이 훌쩍 넘도록 집에 돌아가지 않았다. 한겨울 무작정 집을 나와 서울에 자취하던 친구를 찾아갔다. 그때 부모님은 큰 아들의 가출에 꽤 충격을 받으셨던 것 같다. 결국 얼마간의 시간이 지나고 부모님이 안전하게는 살라는 취지에서 자취방을 구해주셨다. 그곳에서 대부분의 친구들이 어떤 형태로든 공부를 하고 있을 때 나는 아르바이트를 시작했다. 지금 생각해보면 그 시기엔 정말 아르바이트를 많이 했다. 패스트푸드점, 호프집, 피시방, 노래방, 고깃집, 심지어 영화 엑스트라까지 하루에 세 개씩 뭐든 닥치는 대로 하면서 돈을 벌었다. 그때는 나름대로 자유롭다고 생각하며 살았던 것 같다. 마음 한 구석엔 불안한 마음이 있었지만.

길다면 길고 짧다면 짧았던 가출은 여러 가지 복합적인 이유로 끝났다. 사회에 나갈 준비가 되지 않은 아들을 내보낸 부모님은 항상 걱정하셨고, 생각보다 너무 힘들었던 아르바이트의 반복에 지친 나는 결국 8개월 만에 집으로 돌아왔다. 그렇다고 방황이 끝난 것은 아니었다. 집으로 돌아왔지만 결국 다시 공부 밖에 할 게 없었다. 그해는 이미 수능이 코앞이었기 때문에 다음 해를 바라보기로 했다. 하지만 이미 한 번 도망쳤던 재수학원으로 돌아가기는 죽기보다 싫었고, 결국 혼자서 공부해보겠다며 도서관을 다니면서 공부하는 척을 시작했다. 이 시기에 나를 지배하던 감정은 사실 공부가 너무 하기 싫다는 것이었다. 고등학교 3학년 첫 입시 공부를 똑같이 반복하던 나는 하루하루 예민해지고 부정적으로 변했다. 그렇게 좋던 친구들 모임에 나가지 않았고, 자존감은 바닥을 쳤다. 집에서는 부모님을 마주칠 때마다 눈치를 봤다. 간간히 들려오는 친구들의 대학생활이 너무 부러우면서도 그렇게 살고 있지 못하는 나태한 스스로가 싫어졌고, 이 열등감을 줄이기 위해 이우학교에 간 것에 책임을 돌리고 후회하는 시간이 늘어갔다. 결국 입시는 또 흐지부지되었고 입대 영장을 받은 채 아르바이트를 하며 남은 시간을 보냈다. 참 단조로운 일상이었다. 그 단조로운 하루하루가 부정적이라 그 시기는 너무 길고 힘들었다. 군대에서 보낸 1년 9개월도 크게 다르지 않았다. 다행인 것은 항상 부정적이었던 생각이 조금은 정상궤도로 돌아왔다는 정도였을까. 제대 후 집에 돌아왔지만 상황은 그대로였다. 나는 여전히 아무 것도 성공해 본 적 없는 나이만 어른이었다. 집에 있으면 여전히 부모님 눈치가 보여서 밖으로 나다녔다. 또 공부하는 척을 하면서. 막상 그렇게 집 밖으로 나가면 부모님이 밥값으로 주신 돈으로 피시방에서 게임을 하면서 하루를 보냈다.

그런 하루가 반복되던 어느 날, 결국 더는 버티지 못하고 인생의 반전을 맞이하게 됐다. 이미 제대한 지도 1년이나 지났고 더 내려갈 자존감도 없었다. 보통 때처럼 부모님이 잠든 시간에 집에 들어와 자리에 누웠을 때, 그 날은 유난히 잠에 들지 못했다. 나이는 어느 새 24살. 도저히 앞이 보이지 않는 끝을 알 수 없는 어둠 속에 갇혔다는 그 막막한 느낌은 지금도 잊을 수가 없다.

다시 재수학원

다음날 아침 쭈뼛거리며 엄마 앞에 선 나는 이렇게 말했다.

"엄마 잠을 자려는데 도저히 잠이 안 와요. 제 인생이 너무 막막해서요."

나중에 들은 얘기지만, 그때 엄마는 처음으로 내 분위기를 보고 '얘가 이제야 뭔가 제대로 하겠구나' 하고 생각하셨다고 했다.

엄마와 상의 끝에 결국 다시 재수학원에서 공부해 대학을 가야 겠다고 생각했다. 하지만 마음만 먹는다고 모든 것이 일사천리로 진행된 것은 아니었다. 첫 고비는 학원비를 내줄 아버지를 설득하는 것이었다. 다시 재수학원을 가서 공부하고 싶다는 나에게 아버지는 정확하게 이렇게 말씀하셨다.

"네가 공부를 하겠다니 아빠가 말리지는 않으마. 하지만 네가 여태껏 보여준 모습을 미루어 보면 아빠는 의심스럽다."

이날 아버지와의 대화는 평생 잊지 못할 에피소드인데, 저 말을 들었을 때의 분위기와 대사를 아직도 잊을 수가 없다. 가족조차 나를 믿어주지 못할 만큼 신뢰를 잃어버렸던 것이니까. 그래도 결국 아버지는 학원비를 대주시겠다고 하셨다. 그 다음 고비는 다닐 재수학원을 알아보면서 찾아왔다. 공부하는 척만 했지 사실 너무 오랫동안 공부에 손을 놓았었기 때문에 성적은 거의 평균 7등급 수준이었다. 이런 성적으로는 대학은커녕 재수학원조차 들어갈 수가 없었다. 분당의 거의 모든 재수학원을 돌아다녔고, 당장 내일부터 재수 선행반에 들어오는 조건으로 받아준다는 학원이 있어 들어갈 수 있었다. 그렇게 그 재수학원에서 꼴찌로 다시 재수를 시작했다.

이렇게 힘들게 재수학원에 들어가니 이젠 물러설 곳이 없었다. 수학, 영어는 너무 못해서 수업을 따라갈 수 없는 지경이라 중학교 과정부터 따로 공부하기도 했다. 공부하는 건 고3 때나 첫 재수를 할 때보다 더 힘들었지만 그럴 때마다 막막함에 잠 못 들던 그날 밤을 생각하면 정신이 번쩍 들었다. 인생에서 처음으로 나약하고 게으른 스스로를 극복한 때였다고 생각한다. 정말 첫 두 달은 너무 힘들어서 이를 악물고 보냈던 것 같다. 이 때 엄마는 하루도 빠지지 않고 새벽에 아침을 차려주셨고, 아버지도 일이 아무리 피곤해도 아침을 같이 해주셨다. 식사 때마다 부모님은 내가 떠드는 학원과 공부이야기를 다 들어주셨고 아는 분야에 대해서는 조언도 해주셨다.

내게 이 시기가 의미 있는 또 다른 이유는 부모님과의 관계가 급속도로 회복된 시기이기 때문이다. 사실 부모님은 항상 같은 모습이셨겠지만, 내 하루하루가 떳떳해졌고 부모님 앞에 당당해질 수 있었다. 그렇게 두 달의 시간이 지나고 아버지가 이제 나를 믿는다고 했을 때, 그 말은 단단해지려는 내 삶의 엄청난 원동력이 되었다. 그리고 반년이 지나 학원에서 처음으로 모의고사 1등을 했다. 그 보상으로 장학금을 받았을 때 기분은 생애 처음 느껴보는 성취감이었다. 재수학원 선생님들도 놀랄 정도로 성실하게 1년을 보냈다. 그리고 다가온 11월, 수능은 평소 실력 만큼 치르지 못했다. 그 날따라 평소 모의고사보다 두 배는 많이 틀리고 말았다. 하지만 수능장에서 집까지 걸어오면서 몇 번을 스스로 생각해봐도 후회는 남지 않았다. 1년 전으로 돌아간다고 해도 더 이상은 못한다고 생각이 들 정도로 최선을 다했으니까.

결국 나는 어느 대학을 갔을까? 잠깐 다시 재수하던 해 3월로 돌아가 보겠다. 첫 모의고사 이후 학원에서는 작은 쪽지를 주며 목표대학과 학과를 적어서 제출하라고 했는데 나는 이 때 성적도 너무안 좋았고, 어떤 대학교에 어떤 과가 있는지도 몰랐다. 그냥 무작정 목표도 없이 공부할 뿐이었다. 학원 선생님에게 제 상태를 있는 그대로 말씀드리자 그 선생님은 나에게 그럼 어떤 일을 하고 싶은지물으셨다. 순간 나는 대안학교 선생님이 되고 싶다고 대답했다. 스스로도 대답을 하고 깜짝 놀랐다. 어쨌든 선생님은 그 날 사범대를 목표로 공부해보자고 하셨고 내 목표는 사범대가 되었다. 나는 그렇게 집에 돌아가면서 왜 그런 대답을 했는지 생각해보았다. 나에게 한동안 원망의 대상이었던 이우학교에 대한 부정적인 기억은 희미해져 있었다. 이우학교는 다시 인생에서 가장 행복하던 시간이었다. 몇 년간의 방황을 하면서 힘들 때마다 상대적으로 이우학교에서 행복했던 시간이 너무 그리웠다. 그런 시간이 지나면서 나도 모르게 이우학교에 다시 돌아가고 싶었던 것 같다. 나는 그렇게 하고 싶은 일이 생겼고, 선생님이 되기 위해 한양대학교 사범대학 수학교육과에 입학하게 되었다.

선생님으로 이우에 돌아갈 것이다

대학교에 입학하고 난 뒤의 생활은 신선함 그 자체였다. 젊음이 가득한 대학교에서 캠퍼스 라이프를 마음껏 즐겼다. 힘들었던 지난 시간을 보상받는 기분이었다. 그리고 모든 이야기가 수학과 교육학으로 연결되는 수학교육과에서 나는 놀라운 경험을 할 수 있었다. 교육학 과목의 특성상 사범대 학생들은 자신의 중고등학교 시절을 떠올리며 공유하는 수업이 많았다. 그럴 때마다 나는 모든 교수님들과 학생들의 이목을 사로잡는 학생이었다. 나의 이우학교 이야기는 일반학교에서 열심히 내신을 챙기고 입시 준비를 해서

사범대에 온 대학 친구들에게는 놀랄만한 이야기였으니까. 학교에서 하는 농사나 해외통합기행 같은 프로그램에 대해서는 거의 반신반의할 정도였다.

　남들과 다른 이우학교에서의 경험은 사범대 수업을 이해하는 데 큰 영향을 주었다. 젊고 깨어 있는 대학생들임에도 사범대 학생들은 아직도 교육에 대해서는 굉장히 보수적이다. 솔직히 말하자면 지금 이 친구들이 선생님이 된다면 현재 공교육의 문제는 고스란히 이어질 것이라는 생각이 들 정도였다. 철저히 입시 위주의 교육만을 받아왔던 예비교사들에게는 자신들이 받은 경험이 교육의 전부였으니까. 이상적인 교육에 대한 수업을 들으며 다른 학생들이 이해하지 못하는 것을 나는 이해할 수 있었다. 차이를 느낄 때마다 내가 정말 다른 교육을 받아왔다는 것을 실감했다. 그리고 내 고등학교 생활이 얼마나 행복했는지도 알 수 있었다. 그런 생각이 든 순간 막연하게 이우학교가 좋았었기 때문에 언젠간 이우학교 선생님이 되어야겠다는 생각으로 공부했던 것과는 차원이 다른 세계가 펼쳐졌다. 교육에 종사할 사람으로서 이우학교의 교육을 경험한 내 스스로가 남들과 차별화된 가치를 지닐 수 있을 것이라는 자신감이 생겼다. 이런 생각은 2019년 초 이우학교로 교생실습을 나가면서 더 커졌다. 아침 일찍 일어나 학교에 가고 밤에는 녹초가 되어 쓰러지는 한 달이었지만, 부모님이 이렇게 네가 행복해 보이는 건 오랜만이라고 할 정도로 즐거웠다. 과외, 학원 아르바이트를 하며 수많은 일반학교 학생들을 만났던 나였지만, 이우학교 친구들과 함께 있는 시간은 특별했다. 학생 때나 지금이나 나는 이우학교에 있는 순간순간이 행복했고 앞으로도 이곳에 있으면 행복할 수 있을 것이라는 확신이 들었다.

나는 지금 선생님이 되기 위해 임용고시를 준비하고 있다. 그리고 언젠가 기회가 된다면 반드시 이우학교로 돌아갈 것이다. 이우학교 학생들이 내가 경험한 만큼 행복한 학교생활을 할 수 있게 하는 것이 나의 꿈이다.

내가 이우학교에서부터 지금까지 살아온 이야기는 여기까지다. 어느 새 이우학교를 졸업한 지 정확히 10년이 지났다. 이우학교의 어떤 수업이 좋았는지, 어떤 사건이 내 인생에 큰 영향을 주었는지, 어떤 교육이 삶의 방향을 바꾸었는지, 이런 질문들에 대해서 나는 지금도 자신 있게 뭐라 답하기가 어렵다. 다만 확신을 가지고 내가 말할 수 있는 것은 내 고등학교 생활은 너무나 행복했다는 것이다. 이우학교에서 나는 학생답게 지낼 수 있었다. 경쟁만 하는 것이 아니라 협동하면서 친구들을 사귀었다. 그 친구들과 일반학교에선 절대 경험할 수 없는 추억들을 쌓았다. 부모님은 이런 것들이 편하게 좋은 대학, 좋은 직장에 들어가는 것보다 중요하다고 생각하셨기에 나를 이우학교에 보내주셨고, 그 당시 이런 결정을 내려주신 것에 대해 나는 너무나 감사하게 생각하고 있다.

다 가지지 못해 힘들어하던 시기도 있었다. 이우학교에서 무한경쟁이 아닌 더불어 사는 방법을 배우면서도 막상 졸업을 앞두고는 좋은 대학도 쉽게 가고 싶었다. 방황하며 이우학교에서의 행복했던 기억조차 부정해버리기도 했다. 얻는 것이 있으면 반드시 잃는 것이 있다는 걸 그땐 인정하지 못했다. 조금 멀리 돌아, 나는 이제야 행복하게 살고 있다. 이우학교에서 내가 얻은 것들은 잃은 것들에 비해 충분히 가치 있고, 고차원적이었다는 것을 납득할 수 있게 되었으니까.

4

ⓒ이주한

다양한 삶에 대해
질문하는 능력

　"인문학 공동체에서 공부하는 목수입니다." 내가 나를 소개할 때
의 첫마디 말이다. 경험상 이런 소개는 보통의 경우 사람들에게 흥
미를 주거나, 당혹감을 주는 것 같다. 회사원이라거나 학생이라거
나 하는 식의 소개는 비교적 간단하지만, 나의 경우 더 많은 설명
을 필요로 한다. 또래 사이에 흔치 않은 직업일뿐더러, 대개 취미로
"책읽기를 좋아한다."고 말할 수는 있지만, '인문학 공동체'는 뭔가
본격적인 것처럼 보인다. 아니, 사실 인문학 공동체라는 것이 무엇
인지 모를 사람이 대다수일 것이다.

　나는 이우학교를 졸업한 뒤 대학에 떨어지고, 재수를 선택하지
않았다. 아르바이트를 시작했고, 돈을 모아 여행을 다녀 온 뒤 군대
를 갔다. 군대에서 이런 저런 갈등을 겪으며 생전 읽어본 적도 없

는 책을 읽고 싶다는 생각을 했고, 제대 후 함께 책을 읽을 수 있는 모임을 찾았다. 마침 동네에 있는 인문학 공동체 '문탁네트워크(이하 문탁)'에 강의와 세미나가 있었고, 여기에 참여해 매주 사람들과 함께 책을 읽을 수 있었다. 그러나 세미나를 하고, 강의를 듣고, 친구들과 놀기 위해서는 돈을 벌어야 했다. 일자리를 알아보던 중 문탁 1층에 있는 목공소에서 사람을 구하고 있다는 것을 알게 되었다. 그 길로 일을 시작했다.

공부도, 일도 즐거웠다. 나는 목공 일을 통해 대학 졸업장과 어엿한 직장을 구하지 않더라도 즐겁게 살 수 있다는 것을 깨달았다. 그리고 인문학 공부를 통해, 세상에는 그 외에도 중요한 가치가 많다는 것을 알게 되었다. 두 가지 모두 현재 진행형이다. 지금은 5년을 다닌 목공소에서 독립해, 3년차 프리랜서 공간 디자이너로 일하며 돈을 벌고 있다. 공부 역시, 함께 공부를 시작했던 이삼십대 친구들과 〈길드다〉라는 작은 회사를 만들어 인문학 강의와 다양한 청소년, 청년 프로그램을 만드는 실험을 2년 째 진행 중이다.

설명이 필요한, 조금 특이한 내 삶은 분명 많은 우연들의 산물이지만, 갑자기 가능해진 것은 아니다. 그 조금 앞에, 이우에서의 경험들이 있었다.

이우 시절, 난 공부를 거의 하지 않았다. 공부를 하지 않은 정도가 아니라 늘 사건 사고를 몰고 다니는 '문제아'였다. 술, 담배는 말할 것도 없고, 친구들을 괴롭히고, 다른 학교 학생들과 싸우고, 돈을 뺏고, 상가에서 물건을 훔쳤다. 물론 지금으로서는 도무지 이해할 수 없는 행동들이지만, 그런 때가 있었다. 나의 이런 방황은 당연히 학교 친구들에게 많은 영향을 미쳤다. 많은 친구들이 술, 담배를 하게 되었고, 학교에 애정을 가지고 있던 선생님들이나 친구들은 원치 않았을 분위기를 만들었다. 학교는 아마도 당황했을 것이다. 이우중학교에 내가 입학한 것이 2004년이니, 학교도 생긴 지가 얼마 되지 않았기 때문이다. 나에게도 방황은 처음이었지만, 학교 입장에서도 나 같은 학생을 만나는 것이 처음이었다. 체벌을 하지 않고, '더불어 사는 삶'을 강조하는 이우가 만난 거의 최초의 문제아였다.

학교는 다양한 방식으로 방황하는 나와 내 친구들을 만나고자 했다. 교내에서는 잦은 상담이 있었고, 공론화를 통해 이 문제에 대해 학생들과 선생님들이 다함께 이야기를 나누는 자리도 있었다. 교외에서도 몇몇 선생님들이 일부러 시간을 내어 우리에게 관심을 주었다. 당시에는 물론 벌이라고 생각했지만, 사고를 치던 아이들을 데리고 산행이나 도보기행을 가기도 했고, 템플스테이나 봉사활동도 했다. 물론 이런 시간들이 무의미하리만치 우리는 여전히 사고를 쳤지만, 시간들이 쌓이며 천천히 변했다. 우릴 다그치고 혼내기보다 관심을 가지고 표현하려는 선생님들과 친구들에게 신뢰가 생겼고, 어렵게 쌓인 신뢰를 무너트리고 싶지 않았기 때문이다.

방황이 안정되는 데에는 인간관계뿐 아니라, 몇몇 친구들과 함께 시작한 밴드활동도 많은 도움이 되었다. 잘하고 싶은 것이 생겼고, 학교는 그것을 적극 지원해주었다. 체육기자재실을 밴드실로 만들어주었고, 고등학교로 넘어가면서는 몇몇 수업을 연습실 출석으로 대체해주었다. 물론 여전히 사고를 치기도 하고, 학교로부터 자유로워진 만큼 놀기도 많이 놀았지만 호의적인 환경 속에서 꽤 열심히 연습했고, 밴드 친구들과 이런 저런 대회를 나가 상을 타기도 했다. 그런 사이 나에겐 음악을 하며 살고 싶다는 작은 꿈이 생겼다.

수단으로 전락하는 삶

그런 꿈을 가지고 나는 실용음악과에 지원하기로 마음을 먹었다. 이우가 기존의 제도권 교육에 대한 비판적인 인식을 가진 학교였음에도 불구하고, 내 꿈이 음악을 하는 사람이었음에도 불구하고 당시 대학을 가지 않는 삶은 상상하기 어려웠다. 학교의 문제라기보다는 사회적인 문제였고, 실제로 다른 길이 없어 보였다. 그런 속에서 친구들 모두가 대학을 준비하고 있었고, 나도 그 중 하나였다. 그러나 입시를 위한 음악은 즐거워서 하던 음악과는 좀 달랐다. 합주보다는 개인적인 기술이 더 중요했고, 어떤 음악을 좋아하는지 보다, 어떤 음악이 실력을 더 잘 드러낼 수 있는지가 중요했다. 대학을 위해서 하고 싶지 않은 공부를 견디던 많은 친구들과 마찬가지로 '이것만 견디면'이라는 생각을 가지고 연습했다. 즐겁게 합주 준비를 할 때는 타임머신 같았던 한 평 반짜리 연습실이, 입시 준비를 할 때는 숨 막히는 감옥 같았다.

그러나 앞서 밝힌 바와 같이 나는 대학에 떨어졌다. 함께 음악을 했던 몇몇 친구들은 합격을 했고, 떨어진 친구들은 연습실로 돌아갔다. 그러나 나는 그러한 과정을 다시 시도할 자신이 없었다. 당장 혼자라도 음악을 하고 싶었으나, 입시 준비로 보낸 몇 년을 돌아보니 번다하게 기술은 많았지만 음악을 만들 역량도, 음악을 나눈 경험도, 당장 음악을 함께 할 인간관계도 없었다. 쉬고 싶기도 했고, 다른 삶을 살아보고 싶었다. 한 가지 목표를 향해 달려가는 삶을 멈추고 싶었다.

성인이 되어 용돈이 끊긴 나는 일단 아르바이트를 시작했다. 처음 해본 아르바이트는 고됐지만, 나름대로 즐거웠다. 더 이상 학교를 다니지 않는 나에게 규칙적인 생활을 가능하게 했고, 새로운 사람들을 만났고, 적긴 해도, 돈을 벌고 쓰는 재미를 느끼게 했다. 그런데 한 가지 즐겁지 않은 것이 있었다. 함께 일하는 누구도 알바를, 일터를 자신의 진짜 삶이라고 생각하지 않는다는 점이었다. 거쳐 가는 곳, 다음 단계를 위해 견뎌야 할 곳. 누구나 다음에 대한 이야기뿐이었다. 누구도 현재를 즐기지 않았다. 마치 입시 같았다. 나에겐 즐거운 일상인 것이, 다른 모두에게는 수단이었다. 돈을 벌기 시작하자 친구들을 만나 술을 마실 수 있었다. 친구들도 나에게 물어봤다. "알바해서 뭐 할 건데?", "목표가 뭔데?" 난 잠시 숨을 돌리려고 했던 건데, 아무도 나를 내버려두지 않았다. 없던 목표를 만들어야 했다.

"여행을 갔다가 군대를 갈 거야" 대학을 안 간 나는 영장이 날아와 군대를 가야 했고, 별 생각 없이 떠오르는 대로 말했다. 알바는 여행을 위한 수단이 되었다. 그제야 친구들은 더 이상 질문하지 않았다. 오히려 부러워했다. 그렇게 원하던 대학에 갔음에도 친구들에게 그것은 또 다시 다음을 위한 과정이었다. 난 이우에서 필리핀으로 갔던 통합기행을 떠올리며 필리핀을 갈 거라고 말했다. 물론, 그렇게 말했지만 열심히 모은 돈으로 열심히 술을 마셨다. 그리고 여행을 가기 두 달 전부터 술을 줄이고, 일을 조금 더 했을 뿐이다.

'왜?'라는 질문 앞에서

이우 당시 필리핀 통합기행의 주제는 NGO였다. 딱히 NGO 활동엔 관심이 없었지만, 통합기행 때 방문한 마을에서 함께 집회를 나가고, 또래 친구들과 농구를 했던 기억을 떠올렸다. 나는 여행 직전 해당 NGO의 연락처를 찾아서 홈스테이를 신청했다. 홈스테이는 마닐라 소재 NGO를 통해 난개발로 사라져 가는 판자촌 동네에 머무르며 일도 돕고, 생활을 함께 하는 일종의 국제교류 프로그램이었다. 급하게 여행 준비를 해 돈이 없었던 나에겐 최적이었다. 싼 값에 숙식이 해결되고 친구들과 놀 수도 있었으니. 보통은 하루 이틀의 짧은 체험으로 끝나는 홈스테이를 나는 개인적으로 가정에 부탁해 2주 동안 머물렀다. 내가 머물던 가정이 동네의 조그만 구멍가게를 하는 집이었던 덕에 나는 일을 도우며 동네 사람들 대부분을 알게 되었다. 또 음악을 하는 친구였던 그 집 아들 덕에 밤마다 동네 클럽에 가서 친구를 사귈 수 있었다. 그리고 나는 여러 장소를 짧게 머물렀던 통합기행 때와 달리 한 마을에서 그들과 함께 생활하며 더 많은 경험을 할 수 있었다.

그들의 삶은 흔히 우리가 생각하는 것처럼 불행하지 않았다. 물론 서울이 누리는 소위 위생적인 삶이나, 편리한 교통 시스템, 교육, 의료 복지 혜택 등 '선진국의 삶'으로부터는 한참 떨어져 있다. 그러나 그것이 모든 삶의 기준이 될 필요가 없다는 사실을 나는 새삼 느꼈다. 나는 처음 내가 머물 집에 갔던 며칠 간 누가 이 집의 가족인지 도무지 알 수가 없었다. 20여 명 남짓의 사람들이 집을 들락거리는데, 모두가 이 집의 주인아주머니를 '엄마'라고 불렀다. 먹을 것을 가져오고, 먹을 것을 내주고, 모두가 청소와 설거지를 하고, 이야기를 나누고 함께 잘 나오지도 않는 TV를 본다. 내 것과 네 것, 안과 밖의 경계가 모호했다. '엄마'와 두 종류의 야채를 사기 위해 집 근처로 장을 보러 가는데 두 시간이 걸렸다. 길에서 만나는 모든 사람들과 20분씩 이야기를 나누었기 때문이다. 아이들은 학교에 가지 않는 대신 골목에서 흙먼지를 일으키며 공을 찬다. 가끔 싸우기도 하지만 어른들은 말리지 않는다. 그걸 말리려던 나를 보고 한 아저씨가 말한다. 사람들은 평생 싸우기 때문에 그걸 배워야 한다고. 주말에 가족을 따라간 교회는 경건함이라곤 찾아볼 수 없었다. 장난기 많은 얼굴의 괴짜 같은 젊은 신부는 미래의 행복을 위한 기도가 아닌, "현재 기쁨을 주는 신앙이 진짜"라고 말했다.

한국에서와 마찬가지로 그곳의 또래 친구들은 음악을 듣고 술을 마시며 나에게 무엇을 하는지, 무엇이 되고 싶은지를 물었다. 그러나 그들은 "무엇을 위해?"라고 묻지 않고, "왜?"라고 물었다. 이 두 질문은 언뜻 같은 말인 듯 보이지만, 내가 느끼기엔 다른 말이었다. 전자는 입시나 알바와 같이, 내 행위를 더 나은 삶을 위한 수단으로 가정했다. 그렇게 함으로써 현재는 언제나 미래를 향했다. 그러나 후자는 더 포괄적이고, 현재적인 질문이었다. 여행이나 돈이 목적이라고 말하는 것은 쉽다. 그러나 '왜?'라는 질문 앞에 서면, 그런 말들은 같은 질문의 반복을 불러올 뿐이고, 힘을 잃는다. 그들은 나에게 계속해서 행복이 무엇인지를 물었다. 한국에선 유치하다고 치부되었을 그런 질문들 속에서, 나는 미래에 행복이 있다는 것은 어쩌면 현재의 불안한 삶을 극복하기 위한 강박적인 믿음일 뿐인지도 모르겠다고 생각했다.

특수하다는 믿음

여행 직후 입대를 했다. 군 생활은 어렵지 않았다. 해야 할 일과 하지 말아야 할 일이 명확했기 때문이다. 하루하루 무엇을 해야 할지 고민할 필요가 없었다. 어렵지 않았지만, 힘들지 않았던 것은 아니다. 새로운 사회에 적응해 나간다는 것은 힘든 일이다. 더군다나 군대는 상명하복의 문화, 이를 이용한 부조리와 인권침해가 보통의 일상에 산재해 있었다. 이런 일상은 내 안에 일종의 분열을 일으켰다. "이렇게 해도 괜찮은 걸까?" 그러나 언제나 그렇게 할 수밖에 없도록 하는 일상의 흐름이 늘 문득 떠오르는 질문을 무력하게 만들었다. 사정이 이렇다 보니, 정확히 표현하자면 군 생활은 고민할 필요가 없는 것이 아니라, 고민을 하면 힘들어지는 곳이었다. 남은 군 생활이 줄어드는 것이 당시 나에겐 가장 큰 기쁨이었다. 그러니까 여행에서의 느낀 바와는 반대로 나는 현재의 삶을 끊임없이 부정하며 미래에 살고 있었다.

그런데 이상하게도, 기다리고 기다리던 전역이 얼마 남지 않게 되었을 때부터 나는 불안하고 초조해졌다. 그리고 그렇게 되자마자, 내 구체적인 일상의 모습들이 눈에 들어오기 시작했다. 후임이던 시절 내가 그토록 싫어하던 한 선임의 모습을 내 모습에서 발견했다. 후임에게 빨래와 PX심부름을 시키고, 전투화 손질을 맡기고, 불침번을 대신 서게 하고, 나는 TV 앞에서 한 발자국도 움직이지 않았다. 후임들이 한쪽 구석에서 나누는 이야기를 들었다. "쟤는 개보다 더하다." 함께 괴롭던 시절에는 같이 선임을 욕하던 사이였는데, 이제는 내가 욕을 먹고 있었다. 나는 '군대가 원래 그렇다'는 식으로 나 자신을 합리화해왔다. 그게 늘 내가 싫어했던 선임이 나에게 하던 말이었다. 전역만 하면, 정말 삶이 바뀌는 것일까? 문제는 군대가 아닐지도 모르겠다는 생각이 들었다.

그러던 중, 병영 도서관에서 파울로 프레이리의 『교사론』이라는 책을 만났다. 왠지 모르게 불온해 보이는 빨간색 표지의 책이었다. 문제아였던 나는 내 삶과는 특별히 아무런 연관도 없어 보이는 책 제목에도 불구하고, 밤을 새워가며 책을 읽었다. 책에는 이런 말들이 있었다. "지배 이데올로기의 힘은 언제나 길들임입니다. 그리고 우리가 그 힘에 영향 받고 상처받을 때, 판단이 흐려지고 우유부단해집니다. (…) 나는 유능하고 정치적 입장이 분명한 교사들이 따라야 할 전술 중 하나는 남을 길들이는 교사의 역할을 비판적으로 거부하는 것이라 믿습니다." 나는 내 삶과 아무런 관련이 없어 보였던 책을 통해, 내 전체 삶과는 관련이 없을 거라 믿었던 내 군 생활을 돌아보았다. 교육운동가인 프레이리가 교사들에게 쓴 편지를 묶어놓은 이 책이 결국은 불합리한 권력을 비판하고 있듯이, 자꾸만 군대 밖과 분리하고자 했던 군대 안의 생활이 결코 서로 분리될 수 없는 것임을 알게 되었다.

더불어 『교사론』은 이우 시절 문제아인 나를 둘러쌌던 환경을 군대와 교차시키도록 했다. 학교가 학생을 길들이지 않았다면 그것은 거짓말이겠지만, 나는 그럼에도 불구하고 이우가 어떻게 기존의 길들임을 비판적으로 거부하려 했는지를 떠올렸다. 신뢰는 관계가 대등해질 때, 충분히 존중받고 있다는 느낌이 서로에게 전해질 때 생겨났다. 이런 교차는 결국 내 태도가 변하지 않는다면, 군대 밖에서의 삶도 군대 안에서의 삶과 달라질 수 없다는 것을 알게 했다. 군대가 특수한 집단인 것이 아니라, 특수하다는 믿음이 합리화를 도와주는 것뿐이다. 특수에 대한 믿음, 입시와 대학, 직장, 결혼…으로 이어지는 과정에서 늘 앞의 과정은 뒤의 결과에 대한 특수한 경우가 되어오지 않았나? 그렇다면, 어떻게 해야 우리는 현재에 살아갈 수 있을까?

질문을 할 수 있는 일상을 구성하기

어떻게 하면 현재에 살아갈 수 있을까, 이런 질문을 가지고 전역한 나는 인문학 공동체 문탁을 만났다. '무엇을 하면서 살아가야 할까?'가 아니라, '어떻게 살아가야 할까?'라는 질문을 가졌기에, 직장보다 인문학을, 그리고 공동체를 먼저 찾은 것은 어쩌면 당연한 귀결이었는지도 모른다. 나는 이곳에 오자마자 남들에겐 유명하지만 나에겐 금시초문인 철학자들의 책을 읽었다. 연암 박지원, 지그문트 바우만, 슬라보예 지젝, 그리고 미셸 푸코… 중고등학교 공부도 제대로 하지 않았던 내가 이런 어려운 책들을 읽는 일이 너무 즐거웠다고 한다면 과장처럼 느껴질까? 문탁의 공부는 여행에서의

사람들과의 만남, 그리고 군대에서의 프레이리와의 만남과 비슷한 효과를 나에게 불러일으켰다. 그러나 여행에서의 만남은 순간적인 것이었고, 군대에서의 만남은 무력한 것이었다고 한다면 여기엔 지속적이고 강력한 힘이 있었다.

여행 가기 전, 나에게는 추상적인 의문이 있었다. 입시로 시작되어 대학, 직장, 결혼…으로 이어지는 당연해 보이는 삶이 행복하지 않을 수도 있다는 의문. 친구들과 내 삶에서 느껴지는 불안감과 불안감의 유예들. 그런 느낌을 질문으로 바꿀 수 있도록 한 것은 여행에서 만난 다른 삶의 구체성이었다. 그들의 '무엇을 위해?'가 아닌, '왜?'라는 질문으로 내 삶을 다시 바라보게 되었다. 그것은 우연적인 것만은 아니다. 내 추상적인 질문이 나에게 영향을 미치고 있었기 때문에, 그들의 그런 말이 나에게 유의미하게 다가온 것이다. 프레이리의 문장이 그렇다. 같은 문장이라 해도 누구에게나 같은 효과를 가져 오지는 않는다. 내가 가지고 있는 질문과 경험, 텍스트에서 던지고 있는 질문이 맞아 떨어질 때, 내가 내 삶에서 찾고 있던 추상적인 것을 그가 구체적인 언어로 던졌을 때 비로소 의미가 생긴다. 그러나 그것이 순간적이고 무력했던 것은, 내 일상이 그런 질문을 하는 것보다, 그런 질문을 하지 않는 것에 더 유리했기 때문이다.

그러나 질문을 무력하게 만드는 것이 습관과 일상이듯이 질문을 강력하게 만드는 것 역시 습관과 일상이다. 대부분의 일상은 '왜?'라는 질문에 불리하게 구성된다. 앞서 본 것처럼 입시가 그렇고, 알바가 그렇고, 군대가 그렇다. 따라서 질문을 유의미하게 만드는 것은 얼마만큼 질문과 맞닿은 일상을 구성할 수 있는가 하는 것이다. 문탁에선 함께 공부할 뿐 아니라, 함께 밥을 짓고, 먹는다. 함께 작업을 하고, 활동을 한다. 우리가 공부만 하고 함께 밥을 짓지 않는다면 질문은 던질 수 있겠지만, 다시 학교와 직장, 가정에서 무력함을 마주할 것이다. 청년들의 작은 인문학 회사 〈길드다〉 또한 이러한 연장선상에서 만들어졌다. 우리 자신뿐 아니라, 보다 무력한 일상들을 보낼 우리 또래의 친구들과 함께 질문을 할 수 있는 일상을 구성할 방법을 찾기 위해서 말이다.

얼마 전, 이우를 졸업한지 얼마 되지 않은 친구들이 활동하고 있는 북 카페 〈우주소년〉과 〈길드다〉가 함께 고민을 나누는 자리를 가질 기회가 있었다. 고맙게도 우주소년 친구들이 나를 포함해 〈길드다〉에서 활동하는 세 명이 공동으로 낸 책,『다른 이십대의 탄생』 북 콘서트를 열어주었기에 가능한 일이었다. 이들은 적극적으로 자신들의 고민을 이야기했다. 대학을 가지 않고 사는 것, 사람들에게 설명하기 어려운 갖가지 활동을 하는 것, 돈을 버는 것…등에 대해서. 우리를 끊임없이 불안하게 만들고 '왜?'라는 질문을 무력하게 만드는 사회임에도 불구하고 그것을 지속할 수 있는 이유에 대해서 질문했다. 나는 솔직한 마음을 전했다. "우리도 불안하다!"

새로운 시도는 언제나 누구에게나 불안하다. 그러나 나는 이제 역으로 질문하고 싶다. 새로운 시도가 아닌 삶은 불안하지 않은지, 그것은 얼마만큼 안정된 삶을 보장해주는지, 그리고 무엇보다, 질문하지 않는 삶이라는 것이 도대체 가능한지. 사실은 참고, 모르는 척 하고, 지금 괜찮다고 말하는 것이 더 어려운 일은 아닌지를 물어야 한다고 생각한다.

이들은 이미 누구보다 '왜?'라는 질문을 깊게 던지고 있었다. 그리고 그러한 질문을 끌고 나가기 위한 일상을 열심히 만들어가고 있었다. 우주소년을 보며 우리에게도 많은 자극과 힘이 되었다. 그런 점에서 서로의 불안을 없애고 대안을 모색하는 데에 무엇보다 중요한 것은 더 다양한 경험을 가능케 하는 장이 많아지는 것이라는 생각이 든다. 그것이 우리를 현재에 살 수 있도록 할 것이고, 수단이 되는 삶 대신에 더 다양한 삶의 모습들을 상상할 수 있도록 할 것이다.

나침반을 주머니에 넣고
걸어가는 길

자기 소개

일본어를 전공하고 한국에서 4년 간 직장생활을 하다가 돌연 퇴사를 하고 집도 잡도 없는 호주로 떠나온 29세. 어릴 적부터 외국 사회와 여행에 관심이 많았고 취미로 일본어를 배웠다. 그 계기로 대학교 일본학과에 진학, 일본에 교환학생으로 유학하기도 했다. 이러한 공부 배경을 살려 졸업 후 일본어 통번역 담당으로 회사에 입사하였으나 야근의 연속인 회사에 묶여 있기 보다는 '나의 삶'을 살고 싶다며 이직을 하게 되었다. 소위 '다운쉬프트' 이직을 하여 새로운 삶에 적응하며 지내다 보니 순식간에 3년이 흘렀다. 오래 이어진 진로탐색의 고민 끝에 이직이 아닌 퇴직을 하고 무작정 호주로 떠나오게 되었다. 고등학교 졸업 후 근 10년 동안 나름대로 구축해 온 내 학력과 경력의 모든 게 소용이 없어지는 '제로'의 상태를 호주에서 경험하고 있다. 처음으로 쥐어 본 백지 위에 무엇을 어떻게 그려나갈지 고민하는 것이 2019년의 과제였다.

시작하며

이우학교는 내가 중학교 1학년이던 때부터 고등학교 3학년이 될 때까지 나를 키워낸 곳이다. 키웠다는 말이 어울릴 법한 그 시절 동안 학교가 나에게 가르쳐 준 것들을 요약해 보자면, '주체적 삶을 살아야 한다'라는 한 문장이 될 것이다. 나는 사회와 기득권에 대한 불만이 많았지만 주체적 삶은 생각만큼 쉽지 않았다. 그래서 결국은 사회에 순응해 살아 온, 그러나 그 속에서 반항심이 가득했던 사례가 바로 나다. 그동안 '대안학교 졸업생답지 않다'는 말도 들어보고 '역시 대안학교 졸업생이네'하는 말도 들어보며 살았다. 누군가에게는 너무나도 혁신적이고 누군가에게는 너무나도 온건한 주변인으로서 살아 왔다.

어느 덧 고등학교를 졸업한 지 10년. 다시 곱씹는 '이우 졸업생'이라는 말이 새삼스럽다. 지금의 내 모습을 만드는 데에 영향을 끼친 요소들은 수도 없이 다양하겠지만, 그 중 이우학교를 빼놓고 이야기할 수는 없을 것이다. 30대를 맞이하는 이 시점에서 내 이우학

교에 대해 돌아보기로 한다.

실패한 대안

나는 대안학교를 다닌 사람으로서 대안적으로 살고 싶었다. 대안이 무어냐 누군가 묻는다면 선뜻 답변을 풀어 놓기가 어려울 것이다. 그래도 나는 대안적으로 살고 싶었다. 막무가내라고도 할 수 있겠다. 이우중학교를 졸업하고 이우고등학교에 입학하니, 성적표에 그동안 찾아볼 수 없었던 석차와 등급이 표시되기 시작했다. 그때서야 비로소 수능이라는 존재를 실감했다. 내 앞에 놓인 성적표와 문제집들을 보면 혼란스러웠다. 대안학교 학생으로서는 수능 공부를 하지 않는 일이 대안인줄 알았다. 하지만 별다른 방도가 생각나지 않았다. 고2 겨울방학부터 수능 공부를 시작하고 고3 수험생이 되었다. 마치 자연의 섭리처럼 입시철이 찾아왔다. 입시를 앞둔 사람으로서는 학벌을 추구하지 않는 것이 대안적 삶인 줄 알았다. 그런데 진학하고 싶었던 학과가 모 명문 대학에만 있었다. 대학진학에 대한 부모님의 기대도 높았다. 그렇게 대한민국 사립대학 중 최고 대학이라는 학교를 목표로 수험생활을 하게 되었다. 얼결에 재수생활까지 이어갔지만 결국엔 수능 점수가 뜻대로 나오지 못했다. 차선책으로 어느 진보적이라는 대학에 진학했다. 자유분방한 친구들 사이에서 나는 수석으로 입학해 성적 장학금을 받고 토익 점수를 취득하는 별종으로 대학 시절을 보냈다. 대학 졸업을 앞두고 취업 시즌을 맞이했다. 이번에는 대기업에 취업하지 않는 일이 대안인 줄 알았다. 하지만 '현실'이라는 단어를 떠올려 보고는 대기업에 지원했다. 당연하다는 듯이 탈락 통보가 날아오고 나는 중견기업에 입사했다. 17살부터 25살까지의 이야기다.

　매 선택의 기로마다 나는 대안을 떠올렸다. 하지만 용기도 자신도 없었다. 머릿속에 떠오르는 몇 가지 대안들을 선택하는 데에는 매번 큰 용기와 비용이 필요했다. 나에게 대안은 늘 모험일 수밖에 없었다. 그래서 나는 머릿속에 떠오르는 모험들을 공상으로 분류했다. 공상의 선택지들은 선택하지 않기로 선택해 왔다. 그렇게 오랜 시간 동안 나는 포기를 선택으로 여겨왔다. 경쟁적이고 학벌주의적이며 물질주의적인 이 사회에서 나를 두드리는 모양 그대로 제련되었다. 공상의 가지를 잘라내며 키를 위로 키워가는 과정은 아프지만 편했다. 그리고 나는 우습게도 매번 '성공'에 실패했다. 실패 후 차선책으로 흘러가는 내 삶을 멀리서 본 사람들은 나에게 자꾸만 '대안'이라는 이름표를 붙이고 싶어 했다. 대안학교와 성공회대를 졸업했으니 '이쪽 학벌'도 충분했으니 말이다. 하지만 나는 고백한다. 나는 경쟁 사회의 역군으로 자라났고 모든 도전에 실패해서 지금의 모습이 되었다고.

입시, 대입, 입사까지 나는 삶 앞에 표류로 일관했다. 표류하기를 중단할 결심을 세우는 일조차 자발적이지 못 했다. 때는 내가 애써 찾아 나서지 않아도 내 앞에 다가왔다. 스물다섯, 졸업보다 먼저 입사를 하고, 정장을 입고 해외 출장을 다니며 통역을 하는 내 모습이 자랑스러웠다. 하지만 한편으로는 밀려드는 업무와 무책임한 상사들의 조화로 매일같이 야근을 반복해야하는 삶에 영혼이 깎여가고 있었다. 주말에도, 연차를 내고 신청한 휴일에도, 일을 해야 했다. 어디를 가나 늘 전화기와 노트북을 가지고 다니며 업무에 대응해야 했다. 4일 동안 매일 국제선 비행기를 탄 적도 있다. 그렇게 격무로 10여 개월이 금방 지난 후 어느 날이었다. 야근을 위해 회사 식당에서 급히 저녁을 먹고 사무실로 돌아와 업무를 보는데 체기가 올라 화장실로 달려가 구토를 했다. 자리로 복귀해 다시 업무를 이어 가는데 아픈 게 가시질 않아 또 구토를 했다. 다시 일을 했다. 속이 아프고 신세가 처량해 눈물이 났지만 업무량이 감당이 되지 않아 집에 갈 수 없었다. 도와주는 사람은 당연히 아무도 없었다. 그날도 늦게까지 야근을 했다. 그 날 밤 회사 화장실에서, 그리고 조용한 사무실에서 혼자 많은 생각을 했다. 내가 어떻게 이 상황에 오게 되었는지 아무리 생각해봐도 마땅한 이유가 떠오르지 않았다. 나는 표류해왔음을 깨달았다. 그 후 머지 않아 사직서를 마련하게 되었다.

어렸을 때부터 내 선택은 늘 위보다는 아래로, 항상 어려운 길 보다는 쉬운 길로 향했다는 자책이 있었다. 조금 더 힘을 내서 성취를 하면 좋을 텐데 늘 쉽고 편한 길만을 좇는다는 말을 많이 들었다. 이직 결정에 대한 자타의 평가도 같은 맥락에 있었다. 전공과 연관 있었던 기존 경력이 단절되고 연봉이 줄게 되는, 구체적 지표들이 명백하게 드러나는 이직이었기 때문이다. 커리어나 성취보다 안락함을 선택했다는 사실을 부정할 수 없었기에 자랑스럽게 생각하지 못했다. 이직을 하기 보다는 더 견디고 더 노력해 위로 올라가는 게 바람직하다는 조언을 많이 들었지만 나는 또다시 포기를 하고 타협하는 선택을 했다. 그래서 스스로 꽤나 자책을 하기도 했고, 자부심을 가지기도 어려웠던 이직 결정이었다.

난 미숙한 사람이라 곧잘 틀리곤 한다. 이직에 관해서도 틀렸었다. 내가 바라던 커리어와 연봉을 포기하더라도, 내 존재와 내 여러 지향성을 인정해주고 공감해주는 곳에서 일한다는 것이 얼마나 가치 있는 변화인지 그때는 몰랐던 것이다. 처음에는 당장 눈에 보였던 변화들에만 집중했다. 야근을 하느라 만나지 못했던 친구들과 이직 후에는 저녁을 함께 먹을 수 있게 되었다. 주말에도 일하지 않아도 되는 삶을 살게 되었다. 작은 변화들이라 생각했고 그저 연봉이 줄어든 만큼 삶이 더 쉬워져서 좋다고, 이정도면 계산이 맞는다고 생각했다. 하지만 시간이 지나며, 새 직장에서 이해와 공감의 경험이 쌓여가자 어느 순간 자각하게 되었다. 이전 회사와 달리 내가 지지하는 정당이나, 나와 내 주변 친구들의 다양성들을 숨기지 않아도 이해받을 수 있는 환경이었다. 내 성향이나 지향을 드러냈을 때 혹여나 불이익을 받지는 않을까 걱정하지 않아도 되었다. 내 직장이 추구하는 방향성을 내가 지지할 수 있었다. 이제는 나에게 폭력을 행사하는 사람이 없다는 것이 전과 달리 당연했다. 오랜만에 내가 안전한 곳에 속하게 되었다고 느꼈다. 새 직장으로 이직을 하고 나서 비로소 깨닫게 된 것이다. 성공은 직업이나 돈이 아니라는 그 쉬운 문장의 뜻을.

새로운 일, 새로운 환경을 겪고 나니 내 머릿속 직장이라는 개념이 '싫은 시간을 버티고 나면 돈을 주는 곳'에서 '늘 새로운 일을 배우며 도전하는 곳'으로 바뀌게 되었다. 이직한 직장에서의 3년의 기간은, 번아웃과 우울감에 지친 사회 초년생이었던 나를 치유해 준 시간이 되었다. 감사하게도 충분한 치유의 시간을 보내고 나니 인생의 다음 페이지에 대해 생각하게 되었다. 직장이 싫어져서가 아니었다. 3년이 지나 드디어 걸음을 내딛을 힘을 갖게 된 것이었다. 날개가 마른 새가 둥지를 떠나는 것처럼 어찌 보면 자연스러운 일이었다. 표류와 이별하겠다는 결심이 섰다.

단절과 시작

내 삶이 하나의 책이라면, 지금의 페이지를 넘기면 다음 페이지는 어떤 페이지가 되어야 할까? 떠밀려온 내 20대의 흐름을 끊고 부끄럽지 않은 30살을 맞이하고 싶었다. 스물여덟 살이었던 2018년엔 참 고민이 많았다. 매일 유망 자격증이나 구인구직 광고 등을 검색했다. 대기업 입사 시험 문제집을 사고 앙금떡케이크 만드는 법을 배우러 다녔을 정도다. 심지어는 출마를 할까도 고민했다. 지금까지의 흐름과는 다른 새로운 환경을 경험해보고 싶었기도 하지만, '이대로는 안 된다'라는 막연한 불안감이 있었기 때문이다. 고민 끝에 내 삶을 처음부터 다시 구축해보는 경험을 가져봐야겠다는 결론을 내렸다. 포기한 듯 포기하기 어려웠던 돈벌이와, 이어진 듯 단절된 경력을 한 박자 끊어가기로 했다. 가장 유혹적인 선택지는 역시 타 기업체로의 이직이었지만, 해외경험에 대한 갈증을 이번 기회에 풀어보자는 생각도 있어 이직이 아닌 퇴직을 결심했다.

그렇게 나는 아무것도 없는 호주에 왔다. 사실 처음에는 캐나다를 갈까 생각했었다. 하지만 일을 하며 틈틈이 고민하고 준비하려다보니 시간이 한 달, 두 달, 반 년 빠르게도 지났다. 달력이 2018년에서 2019년으로 바뀌고, 나는 스물여덟 살에서 스물아홉 살이 되었다. 목표했던 '멋진 서른 살'을 맞이하기까지 1년도 채 남지 않았다는 사실에 놀랐다. 더 이상 사무실 책상 앞에서 이 고민을 이어가며 시간을 지체하기보다는 일단은 어디든 떠나고 부딪혀 봐야겠다는 생각이 들었다. 그래서 호주 행을 결심했다. 호주는 그 당시 내가 가장 빠르게 비자를 받을 수 있는 나라였기 때문이다. 2019년이 되자마자 사직서를 제출하고 비자 신청을 했다. 신체 검사를 받고 편도 비행기 표를 구입했다. 직장에서 진행 중이던 프로젝트가 일단락됨과 동시에 3월 말일자로 퇴사를 했다. 그리고 2019년 4월 19일, 호주 멜버른에 도착했다.

이곳에서 나는 학력도 경력도 없고 심지어 언어도 완벽하지 않은, 갓 태어난 것과 마찬가지인 상태다. 기억도 안 나는 어린 시절 어린이집에 처음 입학한 이래 약 25년 만에 처음 맞이하는 무소속의 신분이 낯설었다. '유소속'이었을 때는 늘 내 소속과 신분에 충성하는 편이었다. 학생 때는 열심히 공부하고, 직장에선 열심히 일했다. 별다른 고민이 없었다. 그저 나에게 주어진 일을 매일같이 해내면 되었다. 스물아홉 살에 무소속이 되니 생각해야 할 과제가 많았다. 많지만 한 문장으로 요약이 될 것이다. "앞으로 나는 어떻게 살아야 하나?" 내 속 어딘가에 늘 있었지만 그동안 수능 공부를 하느라, 대학에 다니느라, 직장에 다니느라 외면해 왔던 질문이다. 더이상 이 질문에 대한 답을 보류해서는 안 될 나이가 되었다. 하지만 그 답을 하루아침에 찾을 수는 없다는 것도 알 만한 나이가 되었기도 하다. 막막하지만 즐겁고, 고무적이지만 겁이 난다.

공상과의 재회

호주에서 만난 많은 또래 한국인들은 그 수만큼 다양한 일을 하고 있다. 나는 잘 다니던 직장을 때려치고 호주행을 선택한 것인 만큼, 호주에서 새로운 경험을 쌓을 수 있는 기회를 얻는 것에 주력하기로 했다. 예전부터 관심 있던 분야인 한국어교육이나 커피 분야 일을 해보고 싶었다. 그래서 호주로 오기 전, 한국에서 직장을 다니며 한국어교원자격증 3급과 바리스타자격증 2급을 취득해 왔다. 혹시나 도움이 될까 싶어 취득해서 왔지만 이곳은 자격증에 관심이 없는 나라다. 내가 호주에 오려고 자격증을 준비해 왔다는 걸 이제 와 다시 생각해보며 실소하게 된다. 나는 이곳에서는 가진 것이 아무것도 없는 '제로' 상태임을 정말로 받아들여야 했다. 제로에서 출발하는 모든 시작이 낯설고 어려웠다.

난생 처음 영어로 이력서를 쓰는 것도 어려웠지만 그보다도 쓸 내용이 없다는 것이 문제였다. A4용지가 너무나 크게 느껴졌다. 한국에서의 학위, 직장에 다닌 경력은 적도를 넘으며 눈처럼 녹아 이미 없는 것이었다. 언뜻 보기에도 휑한, 그리고 틀린 문장이 난무할 것이 분명한 이력서를 들고 거리로 나선 첫 날, 나는 한참을 거리를 서성이다 그냥 집으로 돌아와야 했다. 단 한 개의 문조차 두드릴 용기가 나지 않았기 때문이다. 내가 도착하고 얼마 지나지 않아 이곳은 겨울을 맞이했다. 날씨처럼 나도 얼어붙었다. 컴퓨터 자판을 두드리는 손가락이 시리고, 한숨을 쉬면 한숨이 눈에 보이는 시간들이었다. 집이 더 춥다는 핑계로 억지로라도 몸을 일으켜 밖으로 나갔다. 통장 잔고는 예상보다 빨리 줄어들고, 좋은 일자리를 구하는 건 쉽지 않았다. 새로운 도시에서의 새로운 생활이 즐거웠던 것도 분명하지만, 마음속에서 자라나는 두려움을 애써 외면해야 했던 것도 사실이다. 이것저것 시도해 보자니 시간이 너무 빨리 지나가 조급했다. 하지만 내 삶을 찾아가는 길은 평생이 걸리는 과정이고, 나는 그 길에 이제 막 들어섰을 뿐이라는 걸 유념하기 위해 자꾸만 되뇌었다.

이 글을 적어나가는 중에도 내 상황은 계속 바뀌어갔다. 구직활동조차 하지 않고 영어 학교에 다니며 '인생 방학'을 즐기던 때, 커피 관련 일을 해 보고 싶어서 커피 연습을 하며 카페 구직을 목표로 삼던 때, 일은 구했지만 생활비는 벌지 못하던 때, 열흘 만에 이백만 원을 번 때, 그리고 다시 생활비가 벌리지 않아 준 백수의 생활을 하던 때. 무엇하나 안정이라곤 찾아볼 수 없는 생활이다. 호주에서 나는 세 가지 일을 동시에 했다. 한 장소로 계속 출퇴근하는 일상은 한국에서 충분히 겪었기 때문에 여기서는 최대한 지양하기로 했기 때문이다. 한국인 관광객들에게 멜버른을 안내하는 여행사 가이드 일과, 일본어로 한국어를 가르치는 일, 영어로 한국어를 가르치는 일을 해 왔다. 생계를 위해 머리를 굴려 일을 찾아 나서야 하는 상황이 내심 즐거웠다. 드디어 내 삶의 운전대를 내가 잡게 되었다는 걸 매일 체감한 시간들이었다. 단언컨대 이제껏 살아온 시간들 중, 내가 내 삶에 가장 주체적으로 임해왔던 시간들이었다.

외지인인 내 신분으로는 이곳에서 오래 살 수 없겠다는 판단이 서고 나니, 당장 흥미로운 일만 해보기에도 시간이 참 부족하다는 생각이 진작부터 들었다. 모처럼 이 먼 남반구까지 왔으니 하고 싶지 않은 일을 하며 시간을 보내고 싶지도 않았다. 그래서 피하고 싶

은 일은 피하고, 하고 싶은 일만 해 왔다. 배부른 소리다. 배부른 소
리를 하며 사는 동안 통장 잔고는 반 토막이 났다. 줄어가는 숫자
만큼의 경험치를 이곳에서 과연 나는 얻고 있는지 의문이 드는 날
이면 불안해지고 우울해지기도 했다. 하지만 그럼에도 날 지탱하
는 자부심은 하나다. 과거의 내가 버렸던 꿈들을 지금의 내가 하나
씩 이뤄주고 있다는 것이다. 가이드 일도, 한국어를 가르치는 일도
어렸을 적 장래 희망 목록에 있었지만 내가 공상으로 치부하고 잘
라낸 가지들이다. 지금이 아니면 영영 못 도전할 것 같아서, 불안은

할지언정 후회하지는 않기로 한다. 겁이 날 때마다 내가 또 어떤 가지들을 잘라 냈었는지 떠올려 보려 한다. 나는 아무것도 아니기에 무엇이든 될 수 있다는 점을 상기한다. 오히려 '제로'의 신분이 내 무기다.

이어지는 배움

이러한 상황에 한번 처해 보고 나니 앞으로 직업은 무엇이든 내 멋대로 선택해서 해 나가면 되겠다는 자신감이 생겼다. 이것이 가장 큰 수확이 아닐까 싶다. 이 경험을 통해 직업의 종류나 형태에 대해 스스로 별다른 제한을 두지 않게 되었다. 하지만 앞으로 내가 어떤 직업을 갖고 살아가든 내 삶에서 관철시켜 나가고자 하는 태도가 있다. 소수자와 인권, 생태적 삶, 대안적 삶, 주체적 삶이 바로 그것이다. 어디서 어떤 일을 하며 살든, 이러한 태도를 내 삶의 기초로 삼고 살아가는 것이 사회구성원으로서의 올바른 방향성이라고 생각한다. 그러기 위해 끊임없이 배우고, 스스로를 예민하게 연마하도록 노력한다. 내가 이 분야에 관심을 가지게 된 데에는 이우학교에서 청소년기를 지내며 배운 것들의 영향이 컸다고 이야기하지 않을 수 없다. 대안적, 주체적 삶에 대해서는 앞서 길게 언급하였으니 나머지 두 항목들에 대해 잠시 이야기 해 보고자 한다.

소수자와 인권 분야는, 내가 늘 지닐 가장 중요한 삶의 태도로서 내 안에 자리 잡고 있는 요소다. 소수자와 인권에 대한 태도는 이제는 나 자신과 내 주변을 구성하는 가장 중요한 요인이 되었다. 소수자에 대한 혐오 발언을 하는 사람이나 집단과는 더 이상 가까이 지낼 수 없을 뿐더러, 경우에 따라서는 맞서 싸워야 직성이 풀리는 사람이 되어버렸다는 것이다. 대학 때부터 사회적 소수자에 관한 수업에 가장 흥미를 가지고 배워 왔다. 한국 내 여러 소수자 집단은 물론, 전공인 일본학 수업 중에서도 일본 내 소수자들에 관해 배우는 데에 가장 관심이 컸다. 대학을 졸업하고 대학원에 진학한다면 일본 내 소수자에 대해 연구해보고 싶다는 생각을 꽤나 진지하게 했을 정도다. 졸업 후 사회생활을 하면서도 주변 친구들이나 직장 사람들이 소수자를 차별하거나 혐오 발언을 하는 상황을 마주하는 것이 다른 어떤 부당한 상황보다도 더 힘들었다. 앞으로도 내 안의 소수자성과 사회의 소수자들을 위해, 소수자 자신으로서 그리고 연대하는 동지로서 우리 모두의 공존과 인권을 생각하는 어른으로 평생 살아가는 것이 목표다.

호주에서 살며 도시에서 생태적으로 살아가는 법에 대해서도 많이 배우고 있다. 나는 도시에서 살아가며 최대한 생태적으로 지속가능한 삶을 사는 방법에 대해 관심이 있기 때문이다. 환경과 생태에 대한 관심도가 꽤나 높은 사회를 경험하며 많은 아이디어를 얻기도 하고, 내 생활 습관을 돌아볼 기회로 삼고 있다. 생태적 삶, 지속가능한 삶에 대해 관심을 가지게 된 것은 이우학교에서 생태 수업과 농사 수업을 들은 것이 참 인상적이었기 때문이다. 도시형 대안학교에서 농사를 지으면 얼마나 짓겠는가, 또는 도시 사람이 생태적 삶을 살아 봐야 얼마나 살겠는가 하는 비판이나 자조들이 있었던 것으로 안다. 생태적인 삶을 추구하는 도시 사람이라니, 다분히 모순적으로 보일 수도 있겠다. 하지만 모두가 당장 귀농 귀촌을 하기는 어려울 것이므로 나는 도시 사람으로서 생태적으로 살아가는 노력이 아주 중요하다고 생각한다. 대학 시절 2년간 채식을 한 경험도 있다. 지금은 상당히 타협적인 삶이 되어 버렸지만 마음속에 바늘을 심은 것처럼 자주 양심의 가책을 느낀다. 일회용 컵을 사용할 때 죄책감을 느끼는 것, 머그컵을 사용하는 것, 친환경 세제를 사용하는 것, 유기농 작물을 소비하는 것, 되도록 채식을 하거나 육식을 할 경우에는 동물권을 생각하는 환경에서 길러진 고기를 소비하는 것, 에너지를 아끼는 것. 수많은 영역의 수많은 바늘들을 품고 다닌다. 자주 잘못을 범하고 바늘에 찔리지만 그 바늘이 나침반 바늘이 되기도 한다. 완벽하게 지키기 어려워도 나는 생태적 삶에 대한 고민과 지향을 평생 이어가야 한다고 스스로 정해두었다.

이 모든 건 '더불어 삶'으로도 갈무리 되어 표현될 수 있을 것이다. 더불어 삶이라는 말 자체를 나는 이우학교에서 처음 들어 보았다. 더불어 산다는 것이 무엇인지 모르던 어린 시절부터, 더불어 살아야 한다는 말을 계속 들어 왔다. 더불어 삶을 가르치면서 정작 학교는 충분히 더불어 삶을 실천하지 못하고 있다고, 위선이라고 미

위하기도 했다. '더불어'라는 말을 주입당한 기분이 상당히 오래 지속되었다. 꽤 오랜 시간 동안 '더불어 삶'이라는 말이 간지럽고 우스웠다. 하지만 이우를 떠난 후 나와는 성장 배경이 다른 여러 사람들을 만나면서, 더불어 삶의 가치를 한 번이라도 배운 사람과, 늘 경쟁하고 쟁취하는 것의 중요성만을 배우며 자라난 사람의 삶의 태도는 매우 다르다는 것을 알게 되었다. 그런 시간들을 지나며 내 안의 이우와 비로소 화해할 수 있게 되었던 것 같다. 이제 나는 분명히 말할 수 있다. 나는 주변 사람들과 더불어, 땅과 다른 생명체들과 더불어 살고 싶다.

나의 대안

이우학교는 학생들에게 대안이 무엇이다 명쾌하게 가르쳐준 적이 없다고 생각했다. 대안학교라고 하는데, 대학 진학이 능사가 아니라고 하는데, 대학에 진학하지 않을 경우에 대한 대안을 누구도 가르쳐주지 않았다. 더불어 삶을 말하는데 모두가 더불어 삶에 미숙했다. 그래서 오랫동안 답답하게 생각했고, 미워하고 원망도 했다. 하지만 이제는 이해한다. 대안은 이것이다, 라고 학교가 지정해 아이들을 가르치는 순간 그것은 더 이상 대안이 아니게 된다. 그럼에도 학교가 꾸준히 우리에게 제시한 것은 주체적 삶, 더불어 삶이라는 모토였다. 이 세상에는 주변에 흔히 보이는 삶의 방식 외에도 다른 대안적 삶의 형태가 얼마든지 존재할 수 있다는 것을 학교가 알려주었다. 나 개인에게 있어서는, 참 오랜 시간이 걸리긴 했지만 나의 대안을 주체적으로 찾아가야 한다는 사실을 깨닫게 도와 준 곳이 이우학교다. 그것이 가장 중요한 가르침이고, 그래서 고맙다.

덕분에 지금까지 나는 끊임없이 더 나은 대안을 찾아가게 되었다. 아프고 고통스러울 것이 분명하지만, 평생 아프며 노력해야 한다는 걸 받아들이기로 한다. 어느 한 곳에서 멈추어서는 안 된다는 것이 가장 유념해야 할 사항이다. 내가 추구해야 할 삶의 모습은 나이 또는 상황에 따라 달라질 수도 있기 때문이다. 나는 늘 옳은 방향으로 나아가는 사람으로 스스로를 길러내고 싶다. 옳은 방향이 어느 쪽인지 알기 위해서는 스스로를 늘 '업데이트'해 가야 한다. 낡지 않는 일은 참 어려운 일일 것이다. 내가 가지는 크고 작은 목표들 중 가장 포괄적이며 가장 어려운 목표가 바로 이것이다.

학교를 떠나 10년. 여기저기 부딪히며 열심히 자라났고 10년 전 배운 것을 이제와 깨닫기도 하는 느린 사람이었다. 10년이 지났고 이제는 정말로 졸업을 해야 할 때다. 앞으로의 10년은 이 모든 걸 자양분 삼아 내가 나를 잘 키워내 보려 한다.

#5

©이주한

이우학교와
인류학 공부

나는 2011년 2월 6기로 이우학교 졸업 후, 대학에서 문화인류학을 공부하고 이후 인류학과 석사과정에서 가습기살균제 부모피해자들에 대한 민족지적 연구를 했다. 가습기살균제참사와 세월호참사 진상규명을 위해 활동하는 특별조사위원회에서 일했고, 현재는 오늘날의 환경위기와 도덕의 문제에 대해 연구하고자 인류학과 박사과정 진학을 준비하고 있다.

이우학교에서의 배움과 신뢰

전교생이 100명 남짓한 시골의 작은 초등학교를 다녔고, 이우학교에서 중고등학교 시절을 보냈던 나는 한국의 일반적인 교육 현장과는 사뭇 다른 학창 시절을 보냈다. 주류/비주류의 구분은 언제나 어느 정도 작위적일 수밖에 없지만, 적어도 제도권 교육의 일반적 양상을 거의 접해보지 못했다는 점에서 나는 비주류였다고 할 수 있을 것 같다. 물론 주류/비주류의 구분은 상대적이기도 해서, 이우학교 밖에서라면 오히려 다수이자 주류로 여겨질 사람이 이우학교 안에서는 소수이자 비주류가 되기도 한다는 인상을 받기도 했다. 많은 이들이 그렇듯이, 나도 고등학교를 졸업한 이후 대학에서, 직장에서, 연구현장에서 다양한 배경의 사람들을 만났고 이제는 누군가를 교육적인 주류/비주류로 분류해서 생각하지 않는다. 나 또한 이우학교 학생 혹은 졸업생으로만이 아니라, 그 이상으로 다채로운 경험과 색깔을 가진 사람으로 성장하고 있기 때문에.

비록 이우학교에서의 경험이 지금의 내 삶에 미친 영향을 한 번에 설명하기는 어려울지라도, 분명 현재 나의 가치관, 문제의식, 세상에 대한 태도의 큰 방향을 설정해준 토양이 되었다고 말할 수 있을 것 같다. 특히 지금 내 정체성에서 큰 부분을 차지하고 있는 인류학을 처음 접했던 것은 이우고등학교에 다니고 있었을 때였다. 이우학교에서 인류학 공부의 꿈을 꿀 수 있었던 것은 인류학에 대한, 혹은 다양한 전공에 대한 많은 정보를 주어졌기 때문은 아니었다. 내가 스스로에 대해 충분히 성찰할 수 있고, 다방면의 진로에 고정관념 없이 열린 생각을 할 수 있으며, 자신이 원하고 좋아하는 것을 시도해볼 수 있는 환경 덕분이었다. 그리고 이우학교의 선생님들과 부모님이 어린 시절의 나에게 주었던 신뢰가 그 기본적인 바탕이 되어주었다.

학창 시절 내내 공부에 대한 욕심이 많았던 나는 이우학교에 다니는 동안 항상 내 자신이 이우학교, 나아가 대안학교에서 기대되는 학생의 모습에 부합하지 않는다는 생각을 했었다. 대안교육에서 이상적인 학생에 대한 담론 속에서 나는 적절히 '반항적'이고 충분히 '대안적'이지 않은 건 아닐까?, 내가 공부를 열심히 하는 게, 대학에 가고 싶어 하는 게 이우학교의 지향과 맞지 않은 걸 추구하고 있는 건 아닐까?, 내가 너무 '순응적'이어서 선생님이 나를 싫어하시지 않을까? 같은 고민을 했었다.

돌이켜보면 중고등학교 시절 대부분의 시간 동안 나는 좋은 대학에 가기 위해서 높은 점수를 받아야 한다는 이유 때문이 아니라, 내 스스로가 공부를 열심히, 잘 하고 그것을 증명하는 데에서 오는 즐거움 때문에 성실하게 공부했던 것 같다. '자신과의 싸움', '친구들과의 선의의 경쟁'이 미사여구에만 그치지 않으려면 학생들이 정말 공부를 그렇게 느낄 수 있는 환경이 조성되어 있어야 했고, 이 점에 대해서 이우학교 그리고 나의 부모님은 성공적이었다. 한국의 악명 높은 대입 경쟁 체제에서 빠져나와 성적, 대학, 미래에 대한 고민과 걱정 없는 청소년기를 보냈다는 것은 큰 행운이었다.

나는 조용한 학생이었고, 나의 청소년기에 극적인 일탈은 없었다. 그러나 내가 열권이 넘는 노트에 수업 시간 틈틈이 그림을 그리고, 졸업 작품으로 작곡을 해보고, 경제학자가 되고 싶다고 경제

학 입문서를 들춰보았던 그 시간들은 시험을 잘 보고 싶어서 공부했던 시간만큼이나 그 시절 나를 성장시켰다. 나에게는 '대입에 도움이 되는 공부'와 '대입에 도움이 되지 않는 공부'가 구분되지 않았기에, 정확히 말하자면 이우학교와 나의 가족이 그 구분을 한 번도 내게 제시하지도 강요하지도 않았기에, 나는 둘 다 열심히 했고 둘 다에서 재미를 느꼈다. 한 때 나는 자기검열하면서 이러한 내 태도를 '순응'이라 생각했지만 사실은 이것이 그저 '자연스러운' 것이었을 뿐이었다. 또 이러한 마음이 함께 경쟁하는 친구에 대한 배제나 질투로 이어지지도 않았다. 경쟁의 과정에서도 서로 협동하는 것이 서로에게 더 큰 이익이라는 사실을 깨달았기 때문에, 엄연히 시험과 평가가 있더라도 이우학교를 다니는 동안 친구들과 서로 도움을 주고받았던 기억이 따뜻하게 남아 있고, 대학과 대학원에서도 친구들과 경쟁하면서도 협력하는 관계를 만들려고 했다.

이우학교와 부모님이 나에게 이러한 환경을 만들어주었을 때 가장 중요했던 것은 신뢰였다. 선생님과 부모님이라는, 어린 시절 나에게 한없이 크고 중요했던 어른들이 준 신뢰는 내 자신이 스스로에게 갖는 신뢰로 내 안에 자리 잡았다. '내가 무엇을 하든, 무엇을 하고 싶어 하든 내 자신에게 떳떳하다면 미움 받을 일도, 꾸지람 들을 일도 없다.' '내가 열심히 하면, 난 잘 해낼 수 있을 거다.' 어른이 되면 너무 간단하고 자명할 수 있는 그 사실이, 어른이 되기까지 주변 어른들의 돌봄 혹은 통제를 받아야 하는 시기에는 당연하지 않았던 것 같다. 어른이 된 후에도 내가 나 스스로에게 주는 믿음, 주변의 사랑하는 사람들이 주었던 지지는 나에게 큰 자원이 되었다.

가습기살균제 참사 현장의 인류학도

글을 쓰고 있는 지금, 신종 코로나 바이러스 사태로 세계가 떠들썩하다. 지금으로부터 약 10년 전인 2011년 봄에도 '원인미상 폐렴'의 발병에 귀추가 주목되었었다. 잠시나마 전염병의 우려를 낳았던 이 병은 질병관리본부의 역학조사로 감염성 질환이 아닌 PHMG, PGH, CMIT/MIT 등을 함유한 가습기살균제 사용이 원인으로 판명되었다. 오늘날 환경파괴, 도시화, 세계화로 전염병은 사람들 간에 어느 때 보다 급속도로 퍼져 공포의 대상이 되고 있다. 전염병만큼 '극적'이지는 않지만 환경병에 대한 시민들의 의식과 우려도 증가하고 있다. 중세 유럽에서 창궐하여 최소 7,500만 명을 사망시킨 흑사병, 1차 세계대전 보다 더 많은 사망자를 낳은 스페인독감 등 전염병은 인류 역사의 굴곡마다 존재했다. 그러나 2차세계대전과 베트남 전쟁이 기폭제가 된, 인공적으로 합성된 화학물질의 사용과 그로 인한 피해는 20세기 중반부터 폭발적으로 늘어났다. 화학물질의 위협에 대한 인류의 경험은 적고, 이로 인한 문제는 현재 정점에 다다른 게 아니라 이제야 서서히 드러나기 시작한 것이다(김신범 2017: 282-284).

이러한 역사의 궤적 위에서 한국의 가습기살균제 참사를 생각해 본다면 더 낯설게 느껴지기도, 또 다른 측면에서는 좀 더 익숙하게 느껴지기도 할 것이다. 내가 가습기살균제 참사 연구를 시작한 것은 석사학위 논문을 위한 연구 주제를 탐색하는 중이었던 2016년 여름이었다. 2011년 8월 처음 가습기살균제로 인한 병이라는 게 밝혀지고 5년만이었고, 사실 그동안 언론의 주목을 크게 받지 못했다. 2016년 봄부터 검찰 수사가 재개되고 각종 기업들이 공개적으로 사과했고, 여름에는 국회 국정조사도 이루어지면서 매일 언론에서 가습기살균제 참사를 다루었던 때였다. 인류학자가 가습기살균제 참사와 같은 화학물질 재난에 대해 어떤 연구를 할 수 있을지, 인류학이 현대 문명의 영향을 받지 않은 부족사회의 문화를 연구한다는 인상만을 갖고 있는 사람이라면 의아할 것이다. 사실은 많은 인류학자들이 현대사회를 연구하고 있고, 인류에 대해 많은 것을 알려주는 질병, 재난, 고통, 환경위기는 인류학자들의 주된 연구 대상이다. 그렇지만 사실 가습기살균제 참사에 대한 내 궁금증은 그렇게 큰 단어들에서 비롯되지는 않았다. 나는 몸에 관심이 있었고, 가습기살균제 피해라는 생물학적인 신체의 변화를 사회적으로, 정치적으로 이해하고 싶었다.

몸에 대한 나의 관심은 사적인 것이자 학문적인 것이었다. 세상의 모든 게 변하더라도, '나'와 분리할 수 없는 '나의 몸'은 내 삶의 가장 안정적인 닻이라는 생각을 했다. 하지만 동시에 오늘날 과학기술의 발전과 변화하는 문화는 신체의 고정불변성에 물음표를 던

2017년 여름 광화문 광장에서 1인 시위 모습

진다. 예컨대, 신체는 오늘날 상품이 될 수 있는 것과 없는 것의 경계선, 그 최전방 어딘가에 있을 것이다. 양도할 수 있는 상품의 기준은 사회마다 시대마다 달랐다. 다른 예로, 오늘날 자본주의 시장 경제에서 토지는 주요한 상품이지만, 토지가 상품이 된 것은 그리 오래되지 않았다. 경제학자이지만 인류학자에게도 많은 영감을 준

칼 폴라니(Karl Polanyi)는 『거대한 전환(*The Great Transformation*)』에서 18~19세기 잉글랜드 역사를 다루며, 자본주의가 노동, 토지, 화폐를 상품으로 '전환'시키는 특수한 조건 속에서 가능했음을 보여주었다. 토지의 상품화가 엄청난 마찰과 저항을 일으킨 사건이었듯, 오늘날 장기매매, 대리모 등 신체의 매매를 둘러싼 팽팽한 갈등도 그렇게 이해해야 할까?

가습기살균제 참사로 인한 피해는 엄밀히 말해 상품으로서의 신체에 관한 문제도 아니고, 최첨단의 의학, 과학기술과 직결되는 사례라고 보기도 힘들지만, 여전히 많은 갈등과 긴장을 만들어내고 있다. '피해'를 어떻게 정의할 것인지의 문제는 피해자(누구까지 '피해자'로 인정되어 보상의 자격을 부여받아야 할지)와 가해자(누구에게 얼만큼의 책임을 물을 것인지)의 정의에도 깊이 관련된다. 이 첨예한 갈등이 벌어지고 있는 가운데 인류학도로서 연구를 시작했을 때 나는 가습기살균제 피해자들에게서 나에 대한 불신과 회의를—물론 내가 중요한 인물이 아니었기 때문에, 사실 대부분의 시간에는 무관심이었겠지만—받았다. 나조차도 '인류학자가 무엇을 할 수 있을까?', '인류학이 대체 뭘까?' 하는 질문을 내게 던졌다. '이러한 재난의 해결에 좀 더 직접적으로 도움이 될 수 있는 보건학이나 법학을 공부하는 게 더 좋지 않았을까?' 하는 생각도 문득 들었다.

중고등학교 때의 진로 고민은 아직도 끝나지 않은 것 같다. 십대 때 먼 미래를 막연하게 상상하며 즐거웠을 때와는 달리 이제는 구체적인 현실에서 나의 학문적, 직업적 정체성에 다시 질문하게 되는 상황을 맞닥뜨릴 때 괴롭기도 하다. 하지만 나는 항상 확신에 찬 삶보다는 종종 흔들리고, 의심하고, 다른 시도를 해보는 삶이 더 건강하고 안정적이라고 생각한다. 내가 관심 있는 연구 주제, 어떻게 하면 연구를 잘 할 것인지에 대한 고민과 더불어 인류학이 어떤 학문이(어야하)고, 인류학자는 어떤 역할을 해야 하는지에 대한 고민은 아마도 멈추어서는 안 될 고민일 것 같다. 언젠가 EBS 역사 인터넷 강의로 유명한 최태성 강사의 강의에서 들었던 "명사의 꿈이 아닌 동사의 꿈을 꾸셔야 합니다."라는 말을 인상 깊게 기억한다. 인류학자이든, 역사 선생님이든, 그 일을 주어진 혹은 완성된 '직업'으로 받아들이는 게 아니라 그 일을 어떤 의미 있는 일로 어떻게 만들지 계속 생각하고 시도해야 한다. 이건 내 자신에게 하는 말이기도 하다.

더불어 사는 삶의 의미

이우학교의 설립이념인 '더불어 사는 삶'은 이우학교에서 보낸 6년의 시간 동안 너무 익숙해져서, 그저 하나의 표현으로 내 머릿속에 굳어졌다. 이우학교 홈페이지(https://www.2woo.net/)에서는 '더불어 사는 사람, 자주적이고 자율적인 사람, 창조적 지성인, 머리·가슴·손발이 조화롭게 발달된 사람'으로 좀 더 자세히 소개되고 있다. 다르게 말하면, 주변의 다른 존재들, 사회, 환경에 관심을 기울이는 세심한 감각과 따뜻한 마음을 가진, 그리고 그것을 행동으로 옮길 수 있는 사람일 것 같다. 그동안 깊게 생각해보지 못했던 '더불어 사는 삶'의 의미를 이 글을 쓰며 다시 한번 돌아보게 되었고, 내가 공부하고 있는 인류학이라는 학문을 통해서는 '더불어 사는 삶'을 어떻게 생각해볼 수 있을지 고민해보았다.

타자를 연구하는 학문으로 발전해 온 인류학은 이 '더불어 사는 삶'에 각별한 통찰을 보낼 수 있다고 생각한다. 인류학은 서구 유럽인들의 관점에서, '근대 사회'와는 거리가 먼 비서구의 타자를 연구하는 학문으로 시작했다. 20세기 후반부터 인류학이 근대 사회의 '자문화'를 연구하게 되었음에도 타자를 통해 자신을 이해한다는 성찰적인 문제의식은 그 저변에 큰 흐름으로 존재했다. 인류학은 현장에서 출발하는 학문이기에, 이러한 문제의식은 이론적 분석만이 아니라 방법론, 그리고 연구자의 입장 및 연구자와 연구대상과의 관계 차원에서 인류학자를 계속해서 고민하게 만든다.

타자는 때때로 우리가 당연하게 믿는 이상과 진리의 허구성을 폭로하는 존재들을 부르는 이름이기도 하다. 미국 명문대의 백인 남성 교수로서 커리어의 절정에서 갑자기 근경련과 신체협응 기능의 악화를 겪게 된 인류학자 로버트 머피(Robert Murphy)는『침묵하는 몸(*The Body Silent*)』이라는 제목의 자신의 책에서 이렇게 기술한다. "빈민들이 아메리칸 드림을 무너뜨리는 존재인 만큼, 우리 장애인은 미국적 이상을 타락시키는 자들이다. 그리고 우리들이 그러한 이상에서 이탈해 있는 정도만큼, 우리는 비장애인들에게 불

가습기살균, 석면, 라돈침대 등 환경병 피해자들과 활동가, 시민들이 함께하는 합창단이다.

쾌하고 혐오감을 일으키는 존재가 된다."(Murphy, 1987: 116-117) 장애인은 비장애인들에게 이 사회가 사실은 불평등과 고통으로 가득차 있으며 그들 자신도 그 사회에서 취약한 존재라는 사실을 지속적으로, 가시적으로 상기시킨다. 우리는 여기에 '장애인'과 '비장애인' 대신 들어갈 수 있는 여러 말들, 여러 집단의 사람들을 떠올릴 수 있을 것이다. 깨고 싶지 않은 꿈과 믿음, 당연하게 여겨왔던 진리와 질서, 현실을 그대로 반영한다고 생각했던 개념과 경계가 그려내는 풍경에 '들어맞지 않는' 이들은 그 존재마저 부정되지 않는가?

　갑작스럽게 장애인이 되고, 장애인 연구를 시작하면서 고군분투

했던 머피의 경험의 무게에 비할 바는 아니지만, 나는 가습기살균제 피해자를 연구하면서 비슷한 생각을 했다. 민족지적 연구의 특성 상 나는 장시간 피해자들과 여러 활동들을 하며 같이 시간을 보내고, 참여관찰과 공식적, 비공식적 인터뷰를 하면서 가습기살균제로 인해 굴곡진 이들의 삶의 이야기가 내 일상에도 스며든 듯한 느낌을 받았다. 그러던 어느 날 꿈에서 나는 나치의 유대인 포로수용소를 연상시키는 경험을 하게 되었다. 출퇴근길 지하철의 한 칸에 갇힌 나는 동승한 다른 사람들과 함께 가습기살균제 성분이 함유된 독가스를 강제로 들이마시게 되었고, 그곳에서 풀려나자마자 앞으로 내 몸에 벌어질 일에 공포감을 느끼며 가족들에게 전화를 걸었다. 하지만 꿈속에서 공포감 보다 나를 무력하게 했던 것은 가족들의 외면과 무관심이었다. 몇 년이 지났지만 꿈에서 느낀 강렬한 외로움을 생생하게 기억한다. 가습기살균제 참사 피해자들은 과학기술과 자본이 약속하는 미래에 대한 믿음, 기업의 합리적인 의사결정과 윤리의식에 대한 믿음이 사실은 얼마나 견고하지 못한 토대 위에 서 있음을 폭로하는 존재들이 아닐까? 그래서 그들의 피해와 고통에 대한 사회적인 공감과 해결의 노력이 소극적인 것은 아닐까?

머피는 자신이 장애인이 되어 장애인 연구를 시작하게 되었을 때, 과거에 아마존에서 연구할 당시 원주민들 사이에서 느꼈던 것보다 더 큰 불편함과 당혹감을 느꼈다고 회상한다. 명망 높은 교수이지만 동시에 사람들이 피하는 휠체어에 앉은 장애인이 되면서,

연구대상인 장애인이 그에게 더 이상 '타자'가 아니게 되면서 머피 자신과 '타자'와의 경계와 거리가 삭제되었다. 그는 동료 학자의 표현을 빌려, 장애인들이 사회에서 받는 취급을 "휠체어는 이동 가능한 격리 오두막"이라고 설명했다. 머피의 글은 인류학적 회고이지만, 자칫 공허할 수 있는 '더불어 사는 삶'을 내 개인적 삶 속에서 아주 구체적으로, 현실적으로 고민하게 만드는 계기였다. '더불어 사는 삶'이란 곧 누구든지 그 "이동 가능한 격리 오두막"에 들어가게 될 수 있다는 공감, 그리고 이 오두막을 부수고자 함께 노력해야 한다는 책임감을 포함하는 것이라고 생각한다.

이우학교 졸업 후 10년, 앞으로의 10년을 기대하며

이 글의 독자는 누구일까? 처음 졸업생 집필 제안을 받고 글을 쓰며 상상했다. 이 글의 목적과 성격을 어떻게 설정해야 할까? 이 글을 통해 내가 무슨 이야기를 할 수 있을까? 누가 이 글을 읽게 될지는 아무도 모르지만, 지금 이우학교에 다니고 있는 학생들과 이우학교가 궁금한 일반 시민들이 가장 재미있게 읽었으면 좋겠다고 생각했다. 이우학교의 성공 혹은 실패를 나라는 한명의 사례로 평가하기가, 아니, 이우학교 졸업생 여부를 떠나 내 자신 자체가 아직 인생 경험을 누군가에게 말해주기가 섣부른 것 같다.

현재 이우학교를 다니고 있는 학생들에게는 과거에 이우학교를 다니면서 이런 고민을 했던 사람이 있었다는 이야기를 해주고 싶었다. 이우학교를 다니고 있었던 과거의 나와 현재의 나, 그리고 이우학교를 다니고 있는 학생들이 지면을 통해서라도 고민을 공유하는 계기가 되었으면 좋겠다. 이우학교를 처음 접하는 독자에게는 이우학교라는 모자이크를 구성하는 하나의 부분을 보여주고 싶었다. 나를 비롯한 그 어떤 졸업생의 경험으로도 이우학교를 일반화할 수 없고 이우학교가 우리의 경험으로 환원될 수 없다. 하지만 이 두 가지 차원을 상호보완적으로 봐주었으면 좋겠다.

이우학교에서 6년을 보내고 졸업한지도 10년이 다 되어 간다. 이 시점에서 이우학교와 나의 관계를 돌아보는 것은 나에게 각별한 의미를 주었다. 물론 나를 비롯한 이 책의 저자들의 지난 10년, 그리고 앞으로의 10년을 이우학교에서의 경험과 교훈만으로는 설명할 수 없을 것이다. 아마 이 글을 읽는 독자들도, 그럴 수 있으리라 기대하지는 않을 것이라 생각한다. 그렇지만 앞으로도 내가 느끼고, 배우고, 행동하는 양식에는 이우학교를 다니는 동안 고민하고 터득했던 것들이 항상 녹아들어 있을 것이다. 이우학교에서의 시간과 더불어 나의 지난 날을 성찰하고 다가올 날들에 대해 생각해보는 기회를 얻어 감사하다.

참고문헌

· 김신범, 2017. 『화학물질, 비밀은 위험하다』, 옥천 : 포도밭.
· Murphy, R., 1987. *The Body Silent: The Different World of the Disabled*. NY: WW Norton & Company.

#6

©이주환

배움과 즐거움을
곁에 두고 한 걸음씩

삶의 여행자

사람은 흙을 딛고 자라야 한다는 부모님 덕분에 나는 꽤 자유롭고 개성 강한 어린 시절을 보냈다. 집 앞 개울에서 송사리들을 구경하다가 엄마가 잘라준 수박을 베어 먹으며 가야금을 연주했다. 햇빛이 쨍쨍한 어느 여름 날에는 모기에 물린 다리를 벅벅 긁어가며 넝쿨의 산딸기를 따먹었다. 그러다 바위 위에 떡하니 늘어져 있는 뱀을 보고 소리를 지르며 집으로 달려 내려오기도 했다. 친구들을 모아다가 삶은 감자를 나눠먹으며 춤 연습도 하고, 녹즙 장사를 하겠다며 (왜 녹즙 장사를 하고 싶었는지는 기억이 나지 않는다. 아마 건강 프로그램을 보다가 감명을 받지 않았을까) 동네의 빈 병을 모으러 돌아다녔다. 그러다 2006년 봄, 이우학교에 입학했다.

　차가운 돌담에 낀 이끼와 축축한 잔디의 물 냄새. 꾸르륵거리는 배를 부여잡고 화장실을 찾아 두리번거리던 어린 나. 아침으로 급하게 마신 요구르트 때문인지, 앞으로 일어날 일들에 대한 걱정과 기대 때문인지 속이 불편했다. 뚜벅 뚜벅 울리던 발자국 소리를 따라 걸어 들어간 교실에서 난 6년의 학교생활을 시작했다. 수학시간에 '무엇을 해먹고 살까' 같은 낙서를 끄적이다 눈앞에 놓인 수학 문제를 열심히 풀어보겠냐는 꾸중을 듣기도 하고 농촌 봉사활동, 그림자극, 해외 봉사활동을 하며 수없이 웃고 울고 글을 썼다. 첫 담임과 상담 이후, 혼자서는 감당하기 버거웠던 감정의 변화를 버텨내느라 힘든 학교생활을 하기도 했다. 학생 식당에 앉아 한 시간 반 동안 눈물을 뚝뚝 흘리며 스스로를 자책하는 법도 알게 되었다. 그때부터 다이어리에 이것저것 적는 버릇이 생겼다. 맞다. 나는 6년의 시간 동안 끊임없이 쓰고 읽었다. 서점에 들러 소설책을 뒤적거리기도 했다. 책장에 꽂힌 수많은 이야기와 제목들 사이를 걸어 다니며, 손끝을 스치는 종이의 사각거리는 소리를 들으며 서점 한가운데 앉아 소설을 읽고 또 읽었다. 주인공이 창난젓을 넣은 상추쌈을 입 안 가득 넣고 아구아구 먹었다, 거나 손자국이 남아 있는 물기 마른 행주, 같은 문장들이 아직도 기억에 남는다. 중학교 1학년 여름 방학, 명동을 가기 위해 처음 혼자 타던 지하철도 생각난다. 그곳에는 닫히는 문을 바라보며 지금 제대로 가고 있는 것은 맞는지 걱정하던 어린 내가 있었다.

지금은 말레이시아의 클럽메드 체러팅에서 이 글을 쓰고 있다. 글 쓰는 일이 좋아 무작정 국어국문학과 문예창작학을 공부했으나, 뒤늦게 질풍노도의 사춘기 시절을 겪고 자칭 '삶의 여행자'로 살기로 다짐했다. 처음에는 '삶'을 '여행'처럼 여기며 한곳에 얽매이지 않고 자유롭게 돌아다니는 것에 중점을 두었다면 요즘은 '여행'의 다양성에 대해 고민하고 있다. 세상에는 새로운 것을 탐구하고 발견하는 여행도 있고 한 곳에 머물며 묵묵히 주어진 일을 해나가는 여행도 있다. 삶의 여행자가 된 후부터 인생이 더욱 복잡하고 다양해졌다. 현재는 클럽메드(ClubMed)라는 외국계 리조트 회사의 현지 상주 직원, 일명 G.O(Gentle Organizer)로 일하고 있다. 더 자세히 이야기하면 나는 한국인 PR(Public Relation)이다. 전반적으로 리조트에 오는 모든 한국인 고객들을 보살핀다. Great Members라고 불리는 VIP들을 상대하기도 하고 불만 해결과 특별 요청들(생일카드, 웨딩 이벤트, 특별 메뉴 요청, 한국인의 밤 개최 등)을 담당하고 있다. 또한 회사의 특성 상, 단순히 숙식만 제공하는 것이 아니라 저녁마다 이벤트와 공연도 하기 때문에 한국인 대표로 무대에 올라 통역을 하거나 공연을 하기도 하고 손님들의 이벤트 참여를 돕기도 한다. 1년마다 발령지가 바뀌기 때문에 2년 전, 인도네시아의 '빈탄' 이라는 섬을 시작으로, 작년에는 일본 홋카이도의 토마무, 그리고 2020년 올해는 말레이시아의 체러팅에서 근무를 시작했다.

2012년 대학교에 입학 할 때만 해도 호텔 서비스 분야에서 일하

게 될 것이라고는 상상하지 못했다. 한 번도 해보지 않은 일을 해보자는 다짐을 따라 걷다 보니 어느 새 여기까지 오게 된 것이다. 일식집에서 서빙 6개월, 영어학원에서 시간제 강사로 2년 일한 경험을 빼고는 대학 공부와 여행을 다니며 익힌 문화적 교류와 체험이 전부였다. 그래서 한 번도 해보지 않은 직업, 최대한 여행을 자주 다닐 수 있는 직업, 더 이상 해외에서 돈을 쓰는 것이 아니라 벌 수 있는 직업을 찾다가 해외 취업 박람회를 통해 우연히 알게 되었다.

일본에서 근무하던 당시, 일주일의 짧은 휴가를 받아 잠시 한국에 다녀왔던 적이 있다. 면세점에서 부모님께 드릴 간식과 생필품을 사고 탑승 시간을 기다리며 여권에 찍힌 도장을 세어보는데, 문득 지하철에 앉아 남은 정류장 개수를 세어 보던 열 네 살의 내가 떠올랐다. 매표소 앞에서 충전한 교통카드를 들고 한참을 망설이던 내가 낯선 언어가 흘러나오는 공항 벤치에 앉아 북적거리는 사람들 사이에서 한국으로 돌아가는 비행기를 기다리고 있었다.

이우학교의 지하 강당에 앉아 아이스 홍시를 녹여 먹던 내가 프랑스에서 온 할머니들과 함께 선베드에 누워 이 글을 쓰고 있다니! 과연 이 둘 사이에는 어떤 일이 일어났던 것일까. 이것은 이우학교 이후 약 8년의 관찰기이자 일기이자, 그 동안 걸어온 짧은 발자국의 흔적이기도 하다.

대학교에 입학 한 후, 매일 도서관에 앉아 글을 쓰며 골똘히 생각해보았다. 좋아하는 일이 무엇이지? 무엇을 잘 하지? 어떤 사람이 되고 싶지? 하지만 해답은커녕, 오히려 답에서 멀어지는 기분이었다. 공책 속에 갇힌 아이디어들이 살아 숨쉴 수 있도록 나는 일단 해보기로 결심했다. 그것도 골라가면서 하는 것이 아니라 마구잡이로 해보기로 했다. 하지만 어디서부터 시작해야 할지 감이 잡히지 않았다. 일단, 대학교 홈페이지를 샅샅이 돌아다녔다. 알려지지 않은 장학금 제도도 많았고 해외에 나갈 수 있는 기회도 많았다.

처음으로 한 일은 연극 동아리에 참여하는 것이었다. 직접 대본을 창작하기도 하고 아마추어 작가들의 수상작을 빌려다 각색해 무대에 올렸다. 연길에 방문해 평화통일 강의를 듣기도 하고 유럽의 역사를 탐방하러 유럽 여행을 다녀오기도 했다. 동아제약에서 주최하는 국토대장정에 참여하기도 했다. 고흥에서 평창 올림픽 운동장까지 약 540km가 넘는 길을 포기하지 않았다는 것도 기뻤지만 묵묵히 걸어 온 작은 하루가 모여 한 달이 되었다는 것이 더욱 의미 있었다. 고등학교 2학년, 뮤지컬 〈빨래〉 공연 참여를 시작으로 뮤지컬의 매력에 빠져 미국 아이오와에서 어학연수를 하는 1년 동안 여름방학은 뉴욕에서 지냈다. 43번가 극장가 옆, 작은 아파트에 방을 구해 6명의 하우스 메이트와 함께 생활했다. 아침 일찍 일어나 더 저렴한 표를 구하기 위해 발품을 팔고 생활비를 아껴 공연을 보고 글을 써 블로그에 올렸다. 감상문 같기도 하고, 일기 같기도 한 글이었지만 방학이 끝나 다시 아이오와로 돌아왔을 때는 약 30편의 글을 완성할 수 있었다.

마구잡이로 선택한 경험들은 눈덩이처럼 불어나기도 하고 중간에 사라지기도 했다. 하지만 그간의 경험들은 차곡차곡 쌓여 나름의 모습을 만들었다. 물론 늘 하고 싶은 것만 할 수는 없었다. 토익이나 토플을 포함한 자격증 공부를 하는 친구들이 주변에 늘어갔다. 연극을 함께 하던 동기들이 취업 준비를 위해 하나 둘 동아리를 떠나거나 취업 동아리로 옮겨갔다. 혼돈의 시간이었음은 분명했다. 나는 내가 하고 싶은 일을 하면서도 이것이 진정 '옳은 것'인지 알 수 가 없었기 때문이다. 그렇기에 이른 아침, 토익 스피킹 교재를 들고 강남으로 가는 신분당선을 타기도 하고 써지지 않는 자기소개서를 붙잡고 앉아 있다가 애꿎은 커피 값만 여러 번 내기도 했다. 결국 나는 다른 국문학과 동기들과는 다르게 졸업을 2년 정도 늦게 했다.

선택의 순간에 놓이는 이때, 우리가 무엇을 선택하는지 잘 살펴보아야 한다. 그 선택이 본인에게서 나오는 것인지, 주변의 가치를 바탕으로 한 것인지는 정신을 바짝 차리지 않으면 알아차리기가 힘들다. 자신만만하게 내가 하고 싶은 것을 하고 있다고 했지만 그것은 그렇게 간단한 일이 아니라는 것을 매 순간 '선택'을 하며 확실히 배웠다. 하고 싶은 일을 막상 직접 하는 것보다 앞에 놓여진 수많은 일들 가운데, 진정 하고 싶은 일을 골라내기가, '선택'하기가 더욱 힘들다는 것을 말이다.

'끝'은 어떻게 '또 다른 시작'이 되는가

고등학교 3학년이 되던 해 겨울, 회색 벽을 따라 걸어가던 복도의 쿰쿰한 냄새가 아직도 기억에 선명하다. 철원 선생님을 찾아가 대학을 갈 것인지, 간다면 어떤 공부를 하고 싶은지 조언을 구했다. 그 당시 국어국문학과 문예창작학 혹은 극작과 진학을 염두에 두고 있었지만 정확히 '이거다' 하는 학과를 찾기가 쉽지 않았다. 저 학과들을 진심으로 좋아하는지 알 수 없었고 이후에 더 하고 싶은 것이 생기면 어떻게 하지? 하는 불안 때문이었다. 나는 이야기를 하며 마치 일인극을 하는 배우마냥 혼자 울컥했다. 철원 선생님은 매우 인자한 표정으로 유자차를 마시며 이야기를 끝까지 들어주셨다. 긴 이야기 끝에 선생님께서 입을 떼셨다. 충희야, 그러니까 네 말은 지금 이 선택이 맞는 결정인지 모르겠고, 이후에 더 좋은 일이 생기면 그 일을 선택하지 못할까봐 걱정이 된다는 거니? …… 일단 이 가정은 무리가 있는 것 같아. 네가 국문학과나 극작과를 두고 고민 할 수 있는 것도 그간의 노력이 있기 때문이지, 그냥 하늘에서 떨어진 게 아니란다. 네가 놓인 이 상황에서 최선의 선택을 계속해 나가다 보면 그만큼 또 성장을 할 것이고 그 성장을 바탕으로 선택할 수 있는 것들은 점점 늘어날 거야. 그러니, 선택할 수 없는 것들에 너무 집중 하지 말고 앞에 놓인 것들에 충실해보는 건 어떠니. 그럼 자연스럽게 이후에 네가 할 수 있는 것들과 하고 싶은 것들이 다시 보이게 될 거야.

고등학교 2학년, 졸업생 언니의 연출 아래 뮤지컬 〈빨래〉를 이우학교 지하 강당에서 공연했다. 그 경험은 매우 강렬하게 자리 잡아 이후의 경험에 많은 영향을 끼쳤다. 브로드웨이에 걸린 모든 뮤지컬을 보러 가겠다고 결심한 것도, 어학연수 후 학교에 복학해 팀을 꾸려 영국 웨스트엔드에 있는 수많은 갤러리와 극장들을 조사하러 가게 된 것도, 국제 연극 축제를 위해 프랑스 아비뇽으로 훌쩍 떠난 것도 모두 이전의 경험들이 있었기에 가능한 일이었다.

그리고 국토대장정을 하며 얻은 체력, 친화력, 끈기를 토대로 산티아고 순례길을 걷기도 했다. 사실 산티아고 순례길 걷기는 오래전부터 바라던 일이었다. 중학교 3학년, 신문의 한 귀퉁이에서 산티아고 순례길을 걷고 쓴 한 작가의 산문을 읽었다. 세상에, 이런 길도 있구나, 이런 곳을 혼자 걷는 사람들도 있구나, 신기해하며 서점에 들러 산문집과 여행 가이드를 뒤적거렸다. 순례길을 걷기 위해 대학교 졸업을 한 학기 남겨두고 휴학계를 냈다. 미국에서 보낸 시간까지 합치면 약 2년의 휴학계를 낸 것이었다. 늘 지지를 보내주시던 부모님도 그때는 걱정을 하셨다. 차를 타고 가며 아빠와 싸우기도 했다. 아빠는 환상에서 깨어나 남들은 어떻게 사는지도 한

번 봐라 하셨고, 나는 남들이 하는 것들을 다 한다고 안정적인 삶
이 아니야! 하고 속 모르는 소리를 했었다. 부모님의 걱정과 그 마
음을 모르는 것은 아니었으나 이대로 그냥 졸업을 하고 나면 그 이
후에 나는 어디로 가야할 지 길을 잃어버릴 것만 같았다.

　24살 가을 무렵 순례길을 완주하며 스페인어와 문화에 푹 빠진
후, 스페인의 항구 도시 말라가에 정착해 스페인어를 익혔다. 그때
적은 일기들을 가끔 읽어보는데 그때 적었던 많은 구절들이 나중
에 한국에 돌아와 졸업 소설을 쓰는데 많은 도움이 되었다. 지금 돌
이켜보면 스페인에서 보낸 기간은 단순히 '스페인어'를 배우거나
'문화 체험'을 위해서라기보다는 '삶의 여행자'의 바탕을 다질 수
있었던 초석(礎石)이 아니었을까 혼자 되새겨보는 것이다.

　경험의 바다를 항해하는 지금, 다시 한번 철원 선생님과 나눴던
대화를 떠올린다. 지난 5년의 시간을 돌이켜보면 배운 것은 간단하
다. '끝'이 '또 다른 시작'이 되기 위해서는 왜? 라는 질문과 답을 하
는 과정이 필요하다. 스스로에게 '왜' 라는 질문과 답을 하는 과정
은 지난 일과 앞으로 하고자 하는 일의 목적과 주인의식을 만들어
주기 때문이다. 하고 싶은 일을 무작정 하는 것도 중요하지만 그것
을 왜 하는지를 한번쯤은 솔직하게 털어놓고 해부해 볼 필요가 있
다. 예를 들어 나는 남들처럼 자격증 하나 정도는 있어야 할 것 같
아서 토익 스피킹을 시작했었다. 하지만 학원에서 배운 영어와 뉴

욕에서 뮤지컬 대본집을 구해 익힌 영어는 전혀 달랐다. 그때야 비로소 새로운 언어를 배우는 이유는 단순히 남들이 하라고 해서 혹은 중요하다고 하니 하는 것이 아니라 하고자 하는 이야기를 정확히 전달하기 위해서, 스스로를 표현하기 위해서라는 것을 몸으로 느낄 수 있었다. 또한 어느 정도 경험이 쌓였다면 그 경험들을 어떻게 하나의 이야기로 만들어갈지 구조를 짜보는 것도 중요하다. 물론 매 순간 '왜'라는 질문과 모든 경험에 의미 부여를 할 필요는 없다. 하지만 열심히 밟아 온 시간들이 그대로 증발해버리지 않도록 하나의 맥락으로 엮어 잘 갖춰진 이야기를 만들어 보면 내가 무엇에 관심이 있는지, 그리고 어떻게 계속 이어나가거나 발전시킬 수 있는지 그림이 그려지기 때문이다.

이 여행의 종착지는? 나는 나를 데리고 무엇을 하고 싶은가?

산티아고에 도착하는 날 아침, 마지막으로 배낭을 점검하고 운동화 끈을 맸다. 그동안 함께 걷던 친구들과 떨어져 며칠을 혼자 보냈다. 순례길의 끝에서 인생의 해결책을 기대하지 않았지만 노란색 화살표가 없는 길을 다시 걸어가려니 겁이 났다. 가파른 고개를 두 개쯤 넘었을까, 하늘을 보니 저 멀리 지붕위로 솟아오른 십자가가 보였다. 함께 걷던 다른 순례자들이 하나둘씩 울거나 무릎을 꿇고 기도를 하며 각자의 방식으로 길의 끝을 맞이했다. 하지만 나는

이상하게도 눈물은커녕 빨리 도착해 짐을 풀고 샤워를 하고 침대
에 누워 쉬고만 싶었다. 십자가에 가까워져올수록 기념품을 파는
가게나 순례자들을 위한 식당과 게스트 하우스가 늘어갔다. 어깨
를 짓누르는 배낭을 달래며 고개를 푹 숙이고 돌계단을 내려가는
데, 그때였다. 흉이! 누군가 내 이름을 불렀다. 서툰 발음이었지만
그것은 분명히 내 이름이었다. 고개를 들어 앞을 보니 그곳에는 지
난 시간을 함께 걸어온 친구들이 서 있었다. 언덕 너머 십자가가 보
일 때도 나지 않던 눈물이 함께 걸어온 친구들을 보자 쏟아져 내렸
다. 그래, 이 순간을 위해 혼자 한 걸음 한 걸음 꾹 꾹 다져가며 걸
어왔구나. 라파엘이 배낭을 대신 매주고 우리엘은 차가운 물을 건

네주었다. 첼시는 땀에 젖은 나를 꼭 안아주었다.

걷는 동안 왜 이렇게 힘이 들었을까 돌이켜보면, 몸이 아픈 건 둘째 치고 집중을 할 수가 없었다. 이 길을 왜 걷는지 이유를 찾고, 말라가에 정착을 해서 스페인어를 배우고 한국에 돌아가면 뭘 할 수 있을지, 이대로 졸업을 할 수 있는지 수많은 질문들이 꼬리에 꼬리를 물고 찾아왔다. 하지만 미래의 계획과 아직 찾아오지 않은 것들을 걱정하느라 돌부리에 걸려 넘어지고 눈앞에서 붉게 타는 노을과 모닥불을 둘러싼 집시들의 공연을 놓쳤다. 나는 그동안 끊임없이 계획하고 실천하며 살기 바빴는데 산티아고의 성당으로 향하는 길에서는 그것이 소용없었다.

브라질에서 온 라파엘은 집으로 돌아가 이직을 생각 중이었고, 이스라엘에서 온 우리엘은 가이드로 일하며 발렌시아에 머문다고 했다. 나이도 비슷하고 죽이 잘 맞아 단짝처럼 함께 다녔던 미국에서 온 첼시는 2년 간의 스페인 생활을 정리하고 샌프란시스코로 돌아갈 예정이었다. 함께 둘러앉아 노래도 부르고 함께 찍은 사진을 보며 맥주를 잔뜩 마셨다. 다음 날 아침 일찍 기차역으로 가는 버스에 올라타는데, 첼시가 나를 안아주며 말했다. 여기까지 잘 왔다고, 이제부터 순간을 즐기며 살자고 말이다.

작년, 일본 클럽메드 토마무에서 근무할 당시, 에코 뮤직 페스티벌이 열렸다. 각국의 유명한 디제이들과 아티스트들을 초대해 공연과 다양한 워크숍을 여는 대규모의 다국적 행사였다. 그곳에서 전 세계의 클럽메드를 총괄하고 있는 회장님 헨리를 만나게 되었다. 프랑스에서 온 큰 눈에 자글자글한 눈주름을 가진 헨리 할아버지는 내가 참여한 공연을 잘 봤다며 질문을 쏟아내었다. 어떻게 클럽메드를 들어오게 되었는지, 앞으로 하고 싶은 일이 무엇인지 자리를 잡고 앉아 한참을 이야기했다. 나는 앞으로 무엇을 해야 할 지 아직도 잘 모르겠다고, 그것을 찾기 위한 여정 위에 이 회사에 들어오게 되었는데 2년이 되어가는 지금도 확실하지 않아 걱정이라며 소다수가 섞인 자두 와인을 마셨다. 헨리는 자신의 젊은 시절을 떠올리면, 아직도 여행을 다니며 회의에 참여하고 중요한 일들을 결정하는 자신의 모습이 낯설고 새롭다고 했다. 다른 사람들 보다 이른 나이에 일을 시작했지만 그 당시만 해도 이렇게 회장직을 맡을 줄은 몰랐다는 것이다. 헨리는 어떤 일을 하는가 보다는 그 일을 하며 진심으로 즐거워하고 있는지가 중요하다고 말했다. 그리고 단순히 즐거운 것에서 그치는 것이 아니라 그것을 통해 작은 것이라도 '배움'이 있다면 더할 나위가 없다고 이야기했다. 그렇게 즐거움과 배움을 친구 삼아 한 걸음씩 나아가다보면 그 걸음이 모여 '나만의 길'을 만들게 된다는 것이다.

종종 부모님께 나를 왜 이우학교에 보냈어? 하고 묻는다. 그럼 돌아오는 대답은 네가 하고 싶은 일을 일찍 찾아 살았으면 해서, 하고 늘 같다. 아마 부모님은 나에게 스스로를 위한 탐색과 도전의 시간을 여유롭게 주고 싶으셨던 게 아닐까 싶다. 하지만 돌이켜보면 해보지 않은 것들이 너무나 많은 이 세상에서 진정 하고 싶은 일을

일찍 찾는 것이 가능할까 생각해본다.

　말레이시아에서의 첫 번째 시즌이자, 클럽메드 생활의 다섯 번째 시즌이 끝나가는 요즘, 코로나19 바이러스 사태로 상황이 심각해졌다. 예약을 취소하는 손님들이 늘고 항공사들이 연달아 비행

편을 취소하더니 결국 말레이시아 정부의 법에 따라 리조트 문을 잠시 닫게 되었다. 한국에 있는 가족들이 걱정되어 한국에 돌아갈까 고민했지만, 모두의 안전을 위해 함께 근무하는 사람들과 함께 약 2주를 리조트에서 지내기로 결정했다. 덕분에 그동안 미뤄왔던 읽기와 글쓰기에 집중할 생각이다.

솔직하게 말하면, 클럽메드 이후의 삶이 어떻게 될 지는 잘 모르겠다. 해보지 않은 분야에 계속해서 도전해야 할 지, 한곳에 자리 잡아 꾸준히 한 우물을 파보는 삶도 살아봐야 할 지 끝이 없는 질문이 꼬리에 꼬리를 물고 있다. 문득 어느 것 하나 속 시원히 알 수 없는 것이 당연하다고 느껴졌다. 철저하게 세워온 계획들 사이에서도 나는 가끔 길을 잃고 헤맸다. 또 계획들이 마음대로 되지 않아 좌절하기도 하고 그 좌절에서 새롭게 찾아오는 기회들에 기뻐하지 않았는가. 그 어떤 순간도 내 것이 아니었던 적이 없었다. 어쩌면 나는 하고 싶은 일을 찾느냐가 중요하기보다는 그것을 향해 가는 길 위에서 어떤 모습을 하고 있느냐가 중요하다는 것을 성당으로 향하는 길 위에서 돌부리에 걸려 넘어지며 혹은 리조트에 오는 손님들과 이야기를 하며 자연스럽게 익히지 않았을까.

눈을 감고 호흡을 가다듬고 다시 한번 발을 뻗어보는 것이다. 그렇다면 그 발걸음은 다시 한번 즐거움과 배움의 길로 이끌어 줄 것이다. 늘 그래왔듯이.

#7

© 이주한

김
고
은

8
기

졸
업
생

네 번의 실패,
스스로를 고립시켜왔던 시간들

싱긋싱긋 잘 웃는 학생

요즘 가만히 있으면 생각이 많아 보인다는 이야기를 종종 듣는다. 그러나 나의 생각하는 모습과 멍 때리는 모습을 구분할 수 있는 사람은 많지 않다. 전 애인은 일 년을 만나고서 60%의 확률로 맞췄고, 이 년을 만나고 나서도 종종 헷갈려 했다. 특히 말다툼을 하고 난 뒤라거나, 내게 좋지 않은 일이 있을 때면 더 심했다. 전 애인이 "무슨 생각 중이야?" 하고 물으면 나는 대부분 "멍 때리고 있는데?"라고 대답했다. 싸우는 도중에도 기력이 떨어지면 멍 때리곤 했는데, 그게 심각한 생각을 하는 게 아니란 사실을 그는 삼 년을 만나고서 알았다. 사실 표현이 좋아서 생각이 많아 보인다는 것이

지 인상이 무섭다는 것과 다름없다. 20대가 되기 전까진 이런 말을 들으리라 상상할 수 없었다. 학창시절엔 웃음이 많았다. 아무리 촌스럽고 유치한 농담이라도, 아무리 알맹이 없는 이야기라도 들으면 일단은 웃고 봤다.

그래서 이우고등학교로 진학하겠다고 했을 때 중학교 선생님들이 놀랐던 것일지도 모른다. 나는 잘 웃으며 선생님 말씀을 고분고분 따르는 학생, 학원을 다니지 않으면서도 공부를 잘하는 학생, 동아리 활동도 열심히 하고 상도 많이 받아오는 학생, 친구들과 두루 잘 어울리는 학생, 별 문제가 없어 보이던 학생이었을 테니 말이다. 그러나 당시 나에겐 큰 문제가 하나 있었는데, 속에 감춰둔 불만이 너무 많았다는 것이었다. 내가 받는 대우가 늘 불만이었다. 모범생은 대부분의 학교에서 좋은 처우를 받는다. 두발 단속도 웬만하면 걸리지 않고, 매를 맞을 때도 살살 맞으며, 쉬는 시간에 교무실로 불려가 선물 같은 것을 받기도 한다. 이렇게 남몰래 좋은 대우를 받는다면 그래도 넘어갈 수 있었지만, 혹여 선생님이 다른 친구들과 비교하며 칭찬이라도 한다면 속으로 이를 바득바득 갈았다. 부당하다고 생각했다.

내가 공부를 잘하긴 했지만, 공부는 사람들이 가질 수 있는 여러 장점 중 하나일 뿐이었다. 상민이는 아프거나 다친 친구들을 대신해 청소 당번을 맡는 일을 번거롭게 생각하지 않았고, 민혁이는 여기저기서 사고를 많이 치고 다녔지만 특수학급 친구와 누구보다도 잘 지냈다. 민혁이 덕분에 특수학급 친구는 학급에서 친구들과 잘 어울릴 수 있었다. 소연이는 친구의 평판을 개의치 않았고, 친구에게 좋지 않은 일이 있을수록 장난을 걸며 더욱 챙기곤 했다. 공부는 노력하면 잘 할 수 있었지만, 그런 능력은 노력해도 따라갈 수 없는 것이었다. 나는 친구들을 보며 자주 부끄러웠다. 선생님들에게 공개적으로 좋은 대우를 받을 때면 공부로 거들먹거리는 것 같아 부끄러웠고, 친구들처럼 무심하게 따뜻한 마음이 나오지 않아서 부끄러웠고, 마음에 불만을 한 가득 가지고 있으면서도 늘 웃고 다니는 스스로가 기회주의자인 것처럼 느껴져서 부끄러웠다.

그렇다고 선생님을 미워한 건 아니었다. 선생님들은 선생님들 나름대로 사정이 있었다. 부유하지 않은 동네에 있는 학교는 교육열이 그렇게 높지 않기 때문에, 공부 시키려던 선생님들은 늘 학생들에게 치일 수밖에 없었다. 수업시간 내내 목청 높여 떠드는 학생들 앞에서 홀로 판서하는 선생님이나, 못되게 구는 학생들 때문에 복도에 나가 우는 선생님을 보는 건 예삿일도 아니었다. 나의 불만은 날마다 늘어갔는데, 그 불만을 어떻게 해야 좋을 지 알 수 없었다. 선생님들을 미워하거나 친구들을 미워할 수도 없었고, 주변에 같이 이야기를 나누고 풀어나갈 수 있는 친구도 없었다. 그래서 우연히 대안학교에 대해 듣게 되었을 때 그곳에 가야겠다고 결심했다.

불만이 많은 학생

속에 꾹꾹 눌러두었던 불만은 고등학교에 진학하면서 터져 나오기 시작했다. 물론 중학교에도 학생회가 있었고, 전교 부회장도 맡았지만 내가 할 수 있는 일이라곤 선생님들의 심부름을 전보다 조금 더 열심히 하는 것이었다. 이우학교에는 공부나 학교에서 정해준 CA 활동 말고도 할 수 있는 게 많았다. 나는 닥치는 대로 할 수 있는 일은 다 해봤다. 동아리, 학년 잡지, 운동회 준비 위원회, 학생회 등등…. 공부에서 손을 완전히 놓았는데도 시간이 부족했다. 왕복 3시간 거리인 집은 수면만을 위한 공간이 되었고, 학기 중에 친구 집에서 자거나 방학 중에 워크숍을 가느라 집에 아예 들어가지 않은 날도 많았다. 고등학교 3년은 시간이 어떻게 가는지도 모르게, 폭풍같이 지나갔다. 그러나 엄밀히 말하면 폭풍 같았던 건 지나간 시간만은 아니었다. 마음에도 폭풍이 휘몰아쳤다.

입시 공부를 하지 않고 입시와 상관없는 활동을 하면 불만이 좀 사그라들거나 적어도 덜해질 수 있으리라 생각했는데, 전혀 그렇지 않았다. 오히려 지금껏 기다려왔다는 듯이 폭주하기 시작했다. 이를테면 이런 것이었다. 이우고등학교 재학생 중에서 이우중학교를 졸업한 친구들과 그렇지 않았던 친구들 사이에는 미묘한 갭이 있었다. 오랜 기간 동안 나를 비롯한 여러 친구들은 이우중학교를 졸업한 친구들 사이를 겉돌았다. 그에 대한 불만을 선생님에게 토로하면 이런 답변을 들었다. "그렇게 느끼고 있구나. 그런데 원래 그렇단다. 어쩔 수가 없어." 이제 와서 생각해보면 선생님이 왜 그렇게 말했을지 이해가 된다. 이질적인 것들이 뒤섞이는 시간이 필요한 것은 어찌 보면 당연한 것인데도, 매일같이 힘들다고 불만을 토로하는 학생을 보는 것이 답답하셨을 지도 모른다. 그러나 당시에 나는 선생님의 말을 전혀 납득할 수 없었을 뿐더러 무책임하다고까지 생각했다.

그 뒤로도 비슷한 일이 반복되었다. 지금 와서 생각해보면 아주 이해 못 할 일도 아니건만, 그 당시에는 부당하다고 이상하다고 생각했던 일들 말이다. 그러나 그런 생각을 숨기지 않아도 된다는 것이 중학교 때와 달랐다. 답답한 마음은 감췄을 때보다 드러냈을 때 더 커보였다. 소리 내어 엉엉 울면서 하교한 적도 있었고 듣는 이가 동의를 하든 하지 않든 친구들을 붙잡고 앉아 이야기를 해보기도 했고, 선생님을 찾아가 호소하거나 대들기도 했으며, 소통지를 만들거나 학생회에 들어가기도 했다. 물론 불만이 해결 된 경우는 거의 없었다. 내 이야기를 잘 이해하지 못하는 사람들이나, 불만을 표현해도 아무 것도 달라지지 않는 상황을 보고 좌절한 적이 더 많았다. 오히려 중학생 때보다 더 고립되어 있다고, 더 힘들다고 생각하기도 했다. 물론 당시에는 괴로운 나 자신에게 빠져, 옆에 있었던 가족이나 친구 혹은 선생님을 보지 못했다.

그렇게 삼 년을 답답한 마음으로 학교를 다니다가, 졸업하기 직전에 친구들과 학교 간담회를 열었다. 결은 조금씩 달랐지만 학교에 불만을 가지고 있는 친구들이 모여 간담회를 준비했다. 물론 간담회는 성황리에 열리지도 생산적인 결과를 만들어내지도 못했다. 준비 자체가 섬세하지 않았을 뿐 아니라 참석하신 선생님들이 손에 꼽을 정도로 적었고, 참여한 학생들도 아주 많지는 않았다. 그러나 간담회는 나 자신에게 하나의 전환점이 되었다. 내 불만을 다른 사람들에게 이해시키는 걸 성공해 본 적이 없었는데, 간담회에서 메인 발제를 맡으면서 내 이야기를 누구나 알아들을 수 있게 전달할 수 있었다. 성공적으로 내 불만을 개인의 문제가 아니라 공적인 문제로 전환한 것은 처음이었다. 학교의 교육 과정과는 별개로, 간담회를 끝마치면서 나는 비로소 내가 고등학교를 졸업했음을 알 수 있었다.

어디에나 문제는 있다

내가 대학교 계의 대안학교라고 불리는 곳으로 진학한 것은 어찌 보면 당연한 수순이었다. 불만이 표출되고 나면 나아질 줄 알았는데, 도리어 문제가 더 커지기만 하자 나는 마음 마음속에 굴러다니는 폭탄을 어떻게든 해결해야만 했다. 불만들을 다른 맥락과 연결시키고 다른 사람들과 나누고 싶었다. 나에겐 직업도 전공도 십년 뒤의 미래도 중요하지 않았다. 어떤 일을 개인적인 문제에 국한시키는 것이 아니라 사회구조적인 문제로 전환시킬 수 있는 시각

을 공부 할 수 있는 곳이 있다고 들었고, 그곳에서 나에게 꼭 필요
한 공부를 할 수 있을 것이란 확신이 들었다. 실제로 대학교에서 배
웠던 사회구조적인 시각은 나에게 도움이 되었다. 이해하기 어려
웠던 학교나 학생, 선생님의 문제를 보다 입체적으로 볼 수 있었다.
더이상 혼자 이상한 불만을 가지고 있는 것처럼 느껴지지 않았다.

대학교에서 가장 큰 영향을 받았던 건 페미니즘이었다. 나는 고
등학생 때까지 '게이'라는 단어조차 알지 못했다. 페미니즘을 처음
접했을 때 받았던 충격은 마치 망치로 뒤통수를 한 대 맞은 것과

같았다. '네가 알고 있는 세계가 전부인 줄 알았지?' 페미니즘은 얼마나 다양한 방식의 삶이 있는지, 그동안 내가 살아왔던 세계가 얼마나 작았는지 알려주었다. 내가 스스로를 일정한 한계에 가둬두었다는 것을 깨달은 뒤로, 만사를 일정한 잣대로 경계 짓고 있었는지를 깨달은 뒤로 나는 많은 것들의 경계를 허물려고 시도했다. 부모와 자식의 통념적인 구분을 지우기 위해서 '엄마', '아빠'로 저장되어 있었던 핸드폰의 전화번호부를 수정했다. 돈으로 인해 만들어지는 한계로부터 벗어나기 위해, 가능한 적게 쓰고 돈 없이도 많은 것을 할 수 있는 방법을 찾으려고 했다. 단 둘의 매몰적인 관계로 빠져서 주변의 사람들과 뚜렷한 경계를 만들게 되는 독점적인 연애를 지양했다.

대학교에서는 대화가 잘 통하는 좋은 친구들도 많이 만났다. 내가 진학한 대학교의 특성 덕분에 나보다 더 세상에 불만이 많은 친구들을 쉽게 볼 수 있었다. 그동안 혼자서 사회에 잘 맞지 않는 퍼즐 조각이 된 것 같이 느꼈었는데, 이 친구들과 있으면 그렇게 느낄 일이 없었다. 내가 대학생이 되었을 때는 마침 이명박에 이어 박근혜가 대통령이 되었던 시기였기 때문에 사회적으로 이슈가 되는 큰 문제들이 많았다. 집회에서 벌어지는 격렬한 몸싸움이나 말도 안 되는 국가의 대응 방식에 분노하는 것은 마치 밥을 먹는 것과 같은 일과 중 하나였다. 지나가다 마주쳐 자리를 잡고 앉으면 그게 느티나무 아래가 되었든, 건물 앞 벤치가 되었든 그곳이 바로 토론의 장이 되었다. 우리는 부족한 경험과 빈약한 지식을 가지고 있었지만 누구보다 더 들끓는 감정과 언제라도 튀어나갈 준비가 되어 있는 활동력을 갖추고 있었다. 사람들과 함께 공감하고, 분노하고, 움직이고, 토론하는 생활은 내 생활에 큰 활기를 가져다주었다.

　그러나 곧 대학교에서도 문제를 발견했다. 아무리 공부를 안 하는 동네의 중학교라도, 아무리 대안고등학교라도 어떤 문제를 가지고 있었던 것처럼, 대안적인 것처럼 느껴질 수 있는 대학교도 역시 마찬가지였다. 내가 대학교에서 배웠던 대부분의 것들은 친구들에게서, 선후배에게서 배운 것이었다. 물론 처음 대학 수업을 들었을 땐 아주 재미있게 들었지만, 어느 정도 시간이 지나자 새로운 수업을 들어도 새롭지 않았다. 처음엔 신기하고 재미있게만 보였던 대학교 내부의 활동도 점차 다른 것들이 보이기 시작했다. 강한 결속력을 가졌던 사회활동그룹은 조직 차원의 문제를 가지고 있었고, 그렇지 않고 혼자서 분노하고 행동하는 친구들은 갑자기 모여든 것처럼 시간이 지나면 자취도 남기지 않고 사라졌다. 나는 고등학교에 가면, 혹은 대학교에 가면 뭔가 다를 거라고 생각했다. 더 좋은 곳, 문제가 거의 없는 곳이 어딘가에는 있을 것이라 생각했다. 그러나 대학도 다른 곳들과 별반 다르지 않다는 사실은 나를 당황스럽게 했다.

더 이상 사회나 조직에만 문제를 제기할 수 없었다. 어디에 가나 비슷한 문제가 있고 비슷한 방식으로 내가 답답해하고 있다면, 그건 나에게도 돌파하지 못하고 있는 지점이 있다는 것을 의미했다. 대학교에서 느낀 좌절도 나에게 전환점이 되었지만, 보다 직접적으로 나의 문제를 깨닫게 해주었던 건 스무 살이 되고 했던 첫 번째 연애였다. 내 고민으로 괴로워하며 안으로만 파고들었을 때, 그러느라 주변을 거의 신경 쓰지 못하고 있었을 때 그 친구를 만나게 되었다. 내 기억으로 우리가 처음 인사를 나누었을 때, 그 친구는 우리가 이전에 이미 인사를 나눈 적이 있으며 심지어 나를 여러 번 봤다고 했다. 물론 나는 앞만 보고 걷기도 바빴기 때문에, 내 기억엔 그 친구의 얼굴이 전혀 남아 있지 않았다.

그 당시에 나는 페미니즘의 영향을 크게 받아서 내 일상과 주변의 관계들에 대해 고민하느라 끊임없이 각을 재고 있었다. 그런데 그 친구는 내가 전혀 눈치 채지 못할 만큼, 아주 자연스럽게 내 옆으로 다가왔다. 혹은 내가 그 옆으로 오도록 만들었다. 어느 순간 그 친구와 편의점에서 술을 같이 마시고 있었고, 단상 위에 앉아 기타를 치고 있었고, 공강 시간에 이 곳 저 곳을 배회하고 있었다. 그것이 그 친구가 가진 힘이었다. 그 친구가 있으면 아무리 사이가 나쁜 사람과 함께 있어도 편안했다. 대부분의 친구들이 불편하게 생각하는 친구마저도 그 친구가 있다면 문제가 될 게 없었다. 어딘가 특이한 지점이 있는 사람이나 이질적인 부분이 있어 조심스럽게 대해야 하는 사람이라도 그 친구는 늘 장난스럽게 대했다. 그럼에도 누구 하나 불편해지지 않았을 뿐 아니라, 다른 사람들도 그 친구 만큼이나 장난스럽고 편안하게 굴었다. 이 모든 일은 언제나 누구도 눈치 채지 못하는 사이에, 너무나 자연스럽게 이루어졌다.

그 친구 주변에는 언제나 사람이 바글바글 거렸다. 아마도 그 친구에게서 온 전화를 받지 않았다면 나도 그들 중 하나로 남았을 것이다. 바람이 잘 불지 않던 여름날, 그 친구가 전화를 걸어 왔다. 이렇게 덥고 습한 날 전화를 받으면 핸드폰의 열 때문에 귀 쪽이 땀범벅이 될게 분명했다. 한참을 망설이다가 전화를 받았는데, 그 친구는 특유의 어눌한 발음으로 시답지 않은 이야기를 늘어놓았다. 평소 전화를 하던 사이가 아니었으므로 조금 어색한 기류가 흘렀다. 왜 전화했냐는 내 추궁에 그 친구는 난처하게 웃더니 내가 보고 싶어서 전화했다고 대답했다. 전화를 끊고 나서야 나는 내 귀가 뜨거워진 것이 더위 때문이 아니라 그 친구의 말 때문이라는 것을 알 수 있었다. 나는 그 이후로 독점적인 연애를 하지 않겠노라 굳게 마음먹었던 결심을 철회했다. 이 친구와 연애를 하면서 겪었던 감정이나 사건들은 나에게 강렬하게 다가왔다. 어느 정도로 강렬했냐면, 그 전까지 공감하지 못해서 몇 번이고 돌려봤던 프랑스의 사랑 영화를 이해할 수 있게 될 정도였다.

내가 당시 봉착했던 문제는 연애를 하며 더욱 선명하게 드러났다. 학교에 불만을 가졌던 것처럼, 사회의 통념에 문제를 제기했던 것처럼 연애를 하고 있었다. 내가 할 수 있는 것은 예리하게 문제를 포착하고 그것을 제기하는 것 정도였다. 내가 "우리가 굳이 남들과 다 같은 친구여야 해?"라고 물으며 그 친구와의 연애가 시작되었던 것처럼, "왜 꼭 그래야만 해?" 하고 묻기만 바빴다. "왜 독점적인 연애를 해야만 해?", "왜 우리 사이에 일정한 선을 자꾸 그으려고 해?" 나 자신의 무능력을 절실하게 실감했다. 문제를 다른 방향으로 바꾸는 것도, 새로운 흐름을 만드는 것도 할 수 없었다. 내 접근 방식은 대개 일방향이었고, 상대와 걸음을 맞추지 못했다. 그러니 사회에 문제를 제기 하는 것이든, 연애든 잘 할 수 있을 리가 없었다. 물론 이러한 나의 접근 방식이 스스로를 고립시켜왔다는 사실은 그 친구와 헤어지고 나서야 깨달았다.

스스로를 고립시키지 않기

그 친구와의 이별이 거의 정리 되었을 때 즈음, 내 기운이 한 번 바뀌었던 것 같다. 더 이상 "왜 그래?"라고 불만만을 함부로 제기하지 않았고, 오히려 내 이야기를 말하는 시간은 줄고 다른 사람의 이야기를 듣는 시간이 늘었다. 대학교를 자퇴 했고, 친구들과 함께 살던 해방촌의 자취집에서 나왔다. 대신 그 전부터 가끔 드나들었던 인문학 공동체 문탁네트워크를 찾아갔다. 문탁네트워크에서 본격

적으로 공부하고 생활을 하기로 결정했다. 문탁네트워크가 완벽하
게 멋진 곳이기 때문은 아니었다. 나는 더 이상 완벽한 곳을 찾으
러 다닐 생각이 없었다. 내 마음을 편안하게 해주고 근심과 걱정을
잊게 해주기 때문도 아니었다. 오히려 나는 문탁네트워크에서 무

지 혼이 났는데 왜 혼나는지 뭐가 문제라는 것을 하나도 알아들을 수가 없었다. 당시 내가 봉착한 문제를 정확하게는 알지 못했으므로, 내가 혼나는 지점을 알게 되면 뭔가 달라질 수 있으리라 생각했다.

10대 후반부터 20대 초반까지 겪었던 네 번의 실패는 자신만의 세계에 푹 빠져 있는 나를 끄집어 올리는 과정이었다. 물론 나는 아직도 미숙해서 끊임없이 실패한다. 뭔가를 아는 것 같으면 바로 아무 것도 모르는 순간이 찾아오고, 뭔가를 해낸 듯하면 바로 넘어지는 순간이 찾아온다. 그나마 다행인 것은 내가 끊임없이 실수하는 것을 함께 지켜봐주는 친구들이 있다는 점이다.

마을 인문학 공동체 〈문탁네트워크〉에서 5년을 공부하고, 인문학 스타트업 〈길드다〉를 만들어 3년째 함께 활동하고 있는 친구들이 있다. 나는 8년 동안 함께 하고 있는 내 친구들이 뭘 하고 싶은지, 어떤 걸 잘 하고 못 하는지 알고 있다. 물론 내 친구들도 나에 대해 잘 알고 있다. 내가 같은 실수를 계속 반복한다는 것도, 아직도 종종 내 세계에 갇힌다는 것도 말이다. 나는 친구들 덕분에 내 안에서만 살지 않는다. 오늘도 나는 친구들 덕분에 공부하고 글쓰고 일하며, 고민을 나누는 방법을 익히고, 문제제기에 그치지 않고 활동을 만들어내는 연습을 한다.

유
지
연

8
기

졸
업
생

이우 이후의 삶

이우를 졸업하고 7년의 시간이 흘렀다. 올해는 이우를 졸업하고 보낸 시간이 이우에서 보낸 시간을 넘어선 해이기도 하다. 7년이라는 시간은 과거를 미화하기에 충분한 시간이니 이우에 대한 '나의' 기억을 꺼내어 공유한다는 것이 조심스러웠다. 그럼에도 이우학교의 교육 목표를 지지하는 사람으로서 내 이야기가 조금이나마 도움이 되기를 바라는 마음으로 글을 시작한다. 솔직한 글이 좋은 글이라는 친구의 말에 용기를 얻어…

고등학교 졸업 후 교육학과에 진학하였다. 교육에 관심을 가지게 된 것에는 아마 이우학교에서의 시간이 가장 큰 영향을 주었을 것이다. 보편적이지 않았던 교육환경 속에서 내가 다니는 학교와 교육에 대해 자연스럽게 생각해볼 수 있었다. 특히 이우고등학교를 진학하며 자기소개서를 쓰는 과정에서 내가 어떤 교육을 받고 싶은지에 대한 생각을 좀 더 명확히 하게 되었다. 고등학교 2학년 선택 과목에 있었던 '사회참여 프로젝트' 수업의 영향도 많이 받았다. 왜 그 과목을 선택하게 되었는지는 기억은 나지 않지만 결과적으로는 내가 가장 열심히 참여했던 수업이었다. 이 사회에 우리가 어떤 방식으로 참여할 수 있을까 고민해보았고, 그 고민의 시작은 우리로부터 출발했다. 우리들의 자극적인 소비문화를 짚다보니 청소년 놀이 공간의 결여로 고민이 이어졌고, 청소년들을 위한 문화 공간을 기획하게 되었다. 청소년들에겐 어떤 공간이 필요하며 그 공간이 교육적으로 어떤 의미를 가지는지, 우리는 무엇으로부터 성장하는지 끊임없이 고민했던 시기였다. 처음으로 경험했던 '몰입'의 순간이었다. 무기력하지 않았고, 주체적으로 무언가를 할 수 있음이 즐거웠다. 고3이 되어 CA로 선택한 교육학 수업에서 교육의 역할에 대해 고민해보았고, 더 배우고 싶어졌다. 무엇보다 나는 사람에 대한 관심(또는 호기심)이 많은 사람이다. 어릴 적부터 식당에 밥을 먹으러 가면 옆 테이블 이야기를 듣는 것이 그렇게 흥미로웠다. 심리학을 복수 전공 하게 된 것도 같은 맥락에서일 것이다.

대학교 생활은 즐거웠다. 낯을 많이 가리는 성격 탓에 친구들과 친해지는데 1년이 넘게 걸린 것만 빼면. 대학교 1,2학년은 학과 학

생회 활동과 교육사회학을 공부하는 학회 활동으로 바쁘게 보냈고, 3학년 때는 스웨덴으로 교환학생을 다녀왔다. 교육학과 심리학은 나에게 (시험기간을 제외하면) 굉장히 매력적인 학문이었지만, 계속 공부를 이어나가고 싶지는 않았다. 교사가 되고 싶다는 생각도 없었고, 딱히 하고 싶은 일이 없었다. 대학을 다닌 5년 내내 무언가를 계속 하면서 열심히 살았는데, 어떤 면으로는 무력했다.

진로를 선택해야 할 시기가 다가오자 무력감에서 벗어나 조바심을 느끼기 시작했다. 교사를 꿈꾸지 않았지만 혹시나 하는 마음에 교직 과정은 이수 중이었고, 2016년 5월 이우학교로 교생실습을 나가게 되었다. 큰 기대 없이 시작한 교생실습이었는데 성장하는 아이들과 함께하는 것은 생각보다 가슴 뛰는 일이었다. 그렇지만 계속해서 고민하고 공부해야 하며 긴 시간 인내해야 하는 일이기도 하다. 잘 해낼 자신이 없었다. 결국 인턴을 준비했고 외국계 기업의 인사팀에서 6개월 간 일하게 되었다. 인턴으로서 경험할 수 있는 범위의 한계는 분명히 존재한다는 것을 감안하더라도, 해당 직무와 내 적성이 잘 맞는다고 느꼈다. 좋아하는 일과 잘하는 일에 대한 고민이 깊어졌다. 교생과 인턴이 끝나던 그해 겨울, 나는 임용고시를 준비해야겠다는 결정을 내렸다.

사실 나는 선택을 잘하는 편이 아니다. 사소한 메뉴 결정도 어려워한다. 고민이 많고 두려움은 더 많다. 무언가를 시작하면 끝까지 책임감 있게 해내려고 하는 편이지만, 시작을 잘 하지 않는다. 그런 내가 가끔 내가 힘 있게 선택을 하게 되는, 그래서 주변 사람들이 놀라는 순간들이 있고, 그때가 그랬다. 그때 나를 움직였던 것은 성장의 욕구였다. 내가 인간적으로 성장할 수 있는 일을 하고 싶었다. 나에게는 교사가 그랬다. 내가 더 좋은 사람이 되고 싶게 만드는 일이라는 생각이 들었다. 이런 이유들을 떠나서도 그냥 아이들을 만나는 것이 좋았다. 잘 하지 못할 것 같다는 두려움 때문에 피한다면 미련이 남을 것임을 직감했다.

전문상담교사로 경기도의 한 중학교에 발령받아 일을 시작한지 이제 갓 2년이 지났다. 이우학교와 대학교에서의 많은 경험들로 나는 넓은 시각을 가진 사람이라고 자부하고 있었는데, 그것이 자만이었음을 깨닫고 있는 요즘이다. 내가 생각한 것보다 더 다양한 사람들이, 삶이 존재하고 있다. 그리고 그 삶을 함께, 살아가고 있다. 울고 웃으며, 좌절하고 다시 또 일어서며.

특별하지 않은

처음 집필 제의가 들어왔을 때 '왜 나에게?'라는 생각이 들었다. 이우학교의 친구들은 개성이 강했다. 그 속에서 나는 특별히 못하는 것도 없지만, 특별히 잘 하는 것도 없었다. 평범했고, 무난했다. 끊임없이 친구들과 비교하며 '왜 나만 개성이 없는 걸까?'라고 생각했다. 톡톡 튀는 모습들이 늘 부러웠다.

내가 무엇에 흥미를 느끼고 잘 하는지도 몰라 자기주도 탐구 활동이나 졸업 작품은 친구들과 비슷한 것들로 채워내기 일쑤였다. 이는 고등학교로 넘어와 무력감으로 이어졌다. 고1의 나는 그냥 힘이 없었고, 아무것도 하고 싶지 않았고, 학교에 가면 잠만 자고 싶었다. 심지어는 교실 바닥에 침낭을 깔아두고 쉬는 시간마다 친구들이랑 같이 잠을 자기도 했었다. 꽤 오랜 시간이 지나 그때의 내가 왜 힘들었는지조차 가물가물하지만.

다행히 무기력을 무사히 떠나보냈다. 이 글을 쓰며 처음으로 어떻게 그 시기를 극복할 수 있었는지 되짚어보았다. 방과 후 파리바게트에서 함께 떠들던 친구들이 생각났고, 화분에 물 주듯 관심을 주셨던 담임 선생님이 생각났다. 고1 아침 조회가 끝나고 본관과 고등학교동 사이에서 담임 선생님과 이야기 하던 그날의 기억이 아직도 선명하다. 그 시기에 선생님은 나에게 무슨 일 있냐고, 왜 그러냐고 거의 매일같이 물어봐주셨다. 그 날 아침도 여느 때와 같았지만, 기억이 나는 이유는 선생님이 나를 이해하기 힘들다고 표현(온전히 내 기억에 의하면)하셨기 때문이다. 지금 생각해보면 엄청난 관심이었고 진정성이었는데, 그때는 그게 왜 그렇게 귀찮게 느껴졌는지 모르겠다. 한편으로는 내가 어떻게 하더라도 나를 걱정하고 지켜봐주는 사람이 있다는 생각을 무의식 중에 했던 것 같다.

그러다 문득 '작은 모임'이 떠올랐다. 작은 모임은 1학년 대의원회(놀랍게도 의욕이 넘치던 3월의 나는 대의원에 지원했다)에서 만든 고민을 나누는 모임이다. 우리가 가지고 있는 비슷한 고민과 생각을 나누고 함께 해결하기를 바라는 마음에서 기획하게 되었다. 일주일에 한 번 특정 주제를 가지고 (또는 주제 없이) 진행되었고, 학년 구성원 모두가 자유롭게 참여할 수 있었다. 모두가 기꺼이 자신의 어려움을 내어놓았고, 기꺼이 들어주었다. 모임의 횟수가 늘어날수록 힘을 얻기보다는 지친다고 느끼는 친구들이 많아졌다. 결국 우리의 작은 모임은 흐지부지 끝을 맞았다. 각자에게 다른 의미로 남아 있겠지만 적어도 나에게 작은 모임은 지지대의 역할을 해주었다. 내가 나를 온전히 수용할 수 있게 되었다. 내 감정과 생각을 받아들이고 솔직하게 표현하자 스스로에 대한 무가치한 느낌도 줄어든 것 같다. 무엇보다 문제를 겪고 있는 사람이 나 혼자가 아니라는 것, 다른 친구들도 나와 비슷한 생각과 감정을 갖고 있다는 사실을 깨닫게 된 것만으로도 충분히 의미 있는 시간이었다. 그래서 나는 진실된 공감과 위로가 가진 치유의 힘을 믿는다. 그 과정이 힘겹고 답답하고 심지어는 질려버릴지라도. 지금의 이우에도 분명 내가 느꼈던 무력감을 느끼는 친구들이 많을 것이다. 내가 그랬듯 그들도 그들만의 방식으로 자신의 문제를 해결해나가기를 간절히 바란다. 이우가 가지고 있는 공동체의 힘을 빌려서.

내가 교사가 되고서야 비로소 선생님도 별반 다를 것 없는 사람이구나 하는 생각이 들었다. 똑같이 출근하기 싫고, 똑같이 화가 나고, 똑같이 짜증이 나는 사람인데, 왜 그걸 몰랐을까 싶다. 선생님은 어떤 상황에서도 학생들을 존중해야 한다고 생각했었고, 그렇지 못한 선생님들을 흉봤던 기억이 난다. 하지만 존중받지 못하는 상황에서 존중하기란 생각보다 쉽지 않다. 아이들을 만나면서는 화가 나는 순간이 스스로도 당황스러울 정도로 자주 찾아온다. 오늘 만난 아이만 해도 아무것도 하고 싶지 않다며 엎드려 있으면서 대답도 하지 않더니 벌떡 일어나서 나가버렸다. 무기력했던 지난 내 모습이 떠올라서였을까 아니면 내가 존중받지 못하고 있다고 느껴서였을까? 그 모습을 보는데 너무 화가 났다. 시간이 지나면 아이들의 행동에 동요하지 않고 무던하게 반응할 수 있을까? 오늘 같은 날이면 내가 만났던 선생님들이 떠오른다.

이우의 선생님들에게는 잣대가 유난히 더 엄격했던 것 같다. 기대가 컸기 때문이었을 것이다. 학교를 다니며 선생님들로부터 상처받은 친구들이 많았고, 나 역시도 그러하다. 한참의 시간이 흐른 지금도 억울했던 상황이 기억이 나고 선생님의 표정과 말이 기억에 남아 있다. 교사가 하는 말과 행동의 무게를 잘 알기에 아이들을 대할 때 더욱 조심스럽다. 누군가에게 상처를 주게 될까 두렵다. 순간순간 내가 하는 말과 행동을 알아차리자고 다짐하지만, 그게 어디 쉽나.

교사 또한 불완전한 인간이기에 분명한 한계를 가진다. 중요한 것은 자신이 가진 한계가 무엇인지를 계속 들여다보는 노력이고, 그것을 경계하는 태도라고 생각한다. 요즘 나에게 가장 한계로 느껴지는 것은 '무조건적 긍정적 존중'의 눈으로 아이들을 바라보지 못한다는 것이다. 무조건적 긍정적 존중이란 있는 그대로 존중하고 수용하는 것을 말한다. 모든 행동을 인정하고 받아들인다는 의미는 아니고, 내담자의 감정과 생각, 욕구 자체를 수용한다는 것이다. 상담자가 이러한 태도를 일관되게 유지할 때, 내담자는 비로소 참다운 자기를 발견할 수 있게 된다. 일을 하며 타인으로부터 조건 없이 존중받는 경험을 하지 못한 아이들을 많이 만나게 된다. 그래서 가장 신경을 쓰는 부분이기도 한데, 요즘은 이론에서만 가능한 개념이지 않을까 하는 생각이 든다. 아이들을 온전히 받아주기보다는 내 잣대로 옳고 그름을 계속 평가하게 된다. 내 상식으로는 도저히 이해되지 않는 것들을 이해하고 공감하는 것이 쉽지 않다.

이러한 어려움에도 계속 노력하고 싶어지는 것은 내가 누군가에게 좋은 영향을 줄 수 있다는 기대감 때문이다. 고등학교 2학년 때, 학년 복도와 도서관 가는 길에서 만났던 ○○쌤의 '눈빛'이 아직도 생생하다. 그 당시에 내가 어떤 것 때문에 힘들었는지, 무슨 말을 했는지는 기억이 나지 않지만, 문득 그 눈빛이 생각날 때가 있다. 나에게 보여주었던 관심이었고, 사랑이었고, 이해하려는 마음이었다. 잔잔한 울림을 준다. 누군가에게 나도 그런 울림을 줄 수 있는 존재이고 싶고, 좋은 어른이고 싶다.

좋은 어른으로서 교사는 아이들이 신뢰관계를 경험할 수 있도록 도와주는 역할을 해야 한다고 생각한다. 신뢰관계를 경험한 아이들은 그 힘으로 세상과 만날 수 있게 된다. 3년차 상담교사로서 가장 크게 느낀 점은 부모, 교사, 친구와의 신뢰관계를 경험하지 못한 아이들이 너무나 많다는 것이다.

2018년 여름 즈음 만나, 세 번의 학기를 함께 보낸 아이가 있다. 부모님과의 대화는 혼나는 것이 전부이고, 누나와는 욕을 하며 싸우고, 선생님들에게 대들고, 친구들을 자주 때리는 아이였다. 이 친구는 자해 행동과 학교에서의 각종 문제 행동으로 인해 담임 선생님으로부터 의뢰되었다. 다시 말해 '비자발적'인 내담 학생이었다. 이 아이가 처음 상담실에 들어오던 날의 눈빛과 걸음걸이를 잊을 수가 없다. "어디 네가 뭘 하나 보자"라고 말하고 있었다. 상담 경험이 전무했던 신규 교사가 쫄지 않았다면 거짓말이다. 잔뜩 겁을 먹었었던 것에 비해서 아이와의 라포(rapport) 형성은 성공적이었다. 너무 감사하게도, 믿을만한 존재라는 생각이 들었는지 2, 3회기부터는 자신의 이야기를 줄줄 늘어놓았다. 마치 자신을 봐줄 사람을 기다렸다는 듯이. 아무도 보려하지 않았던 이 아이의 속을 가만히 들여다보면, 너무 외로운 아이가 한명 있다.

부모님은 자기 이야기를 들어주지 않고, 선생님들은 자기를 문

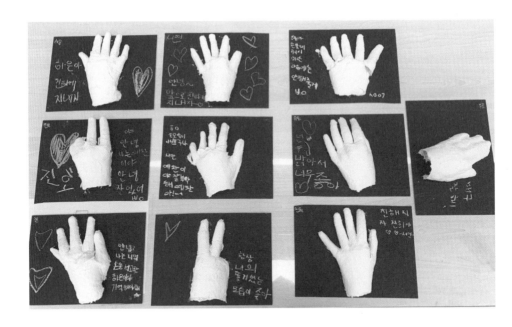

제아라고 보고, 친구들은 자기를 무시한다고 생각한다. 그런 세상으로부터 자기를 방어하는 나름의 방식으로 이 아이는 '센 척'을 한다. 부모님의 말은 자기가 먼저 무시하고, 선생님에게 대들며, 친구들이 조금이라도 자기를 무시한다는 생각이 들면 욕을 하거나 때린다. 사실 인정받고 싶은 마음이 그 누구보다 큰데, 그러지 못할 것에 대한 두려움으로 애초에 아무런 노력도 하지 않는다. "선생님들이 나에게 기대하지 않았으면 좋겠다"고 말한다. "실망하게 될 테니까"라는 말을 덧붙이며. 이 아이를 만나며 내가 잡은 목표는 크지 않았다. 그저 존중받는 대화를 경험하도록 하는 것, 그것만으로

도 충분하다고 생각했었다. 하지만 시간이 지날수록 상담자보다는 교육자로서 이 아이의 변화를 보고 싶은 욕심이 생겼다. 그러자 나도 이 아이가 만났던 다른 사람들처럼 실망하고 좌절하게 되었다. 그러다 문득 그런 변화는 나(교사)의 욕구임을 알아차렸다. 내가 발견하지 못했었지만, 이 아이에게도 분명 작지만 큰 성장이 일어났다. 여전히 욱해서 친구들을 때리고, 수업시간에 자고, 술 담배를 하고, 무모한 행동을 한다. 그렇지만 지난 1년 사이에 이 아이는 자신의 행동이 자기방어 형태로 나타나는 '센 척'임을 인지하게 되었다. 약한 자신의 모습을 인정하고 들여다보려고 하며, 더 이상 자해

행동을 하지 않는다. 이러한 크고 작은 변화를 읽어주고 지지해주는 것이 내 역할임을 얼마 전에야 비로소 깨달았다. 믿음을 주는 존재로, 믿을 수 있는 존재로 곁에 있어주는 것.

갈등을 마주하는 힘

다양성이 늘어남에 따라 갈등 상황은 앞으로 우리 사회엔 더욱 많은 갈등이 발생할 것이다. 그렇기에 '갈등을 마주하는 힘'은 앞으로를 살아갈 아이들에게, 그리고 그런 아이들의 성장을 도와주는 교사에게 가장 중요한 힘이라는 생각이 든다. 내가 학교 현장에서 만나는 아이들은 갈등을 해결하는 힘이 부족하다. 스스로 해결해보려는 노력 없이 선생님의 도움을 구하거나, 아예 관계를 끝내버린다. 이에 대해 친구들과 이야기를 한 적이 있었다. 우리들의 조심스러운 추측으로는 스마트폰의 영향일 수 있다는 것이다. 아주 어릴 적부터 스마트폰과 함께 자란 요즘의 아이들은 모든 문제가 고민 없이 바로 바로 해결되는 것에 익숙하다. 현실이 불편하게 느껴지면 스마트폰 속의 다른 세상으로 도망가버리면 그만이다. 그렇다보니 불편한 상황에 대해 깊게 고민하고, 인내하고, 견뎌내는 힘이 부족한 것은 아닐까?

그다지 꺼내고 싶지 않은 기억을 꺼내본다면, 중학교 3학년 때

학년 여자애들 무리 사이에 큰 갈등이 생겼었고, 나는 그 무리 중 하나에 속했었다. 선생님들이 이를 알게 되자, 학년 여학생 전체가 모여 이야기를 나누는 자리를 만드셨다. 이 사건을 계기로 우리를 성장시키고자 했던 것 같다. 위기를 기회로 삼아. 그 당시의 나는 뭐 이렇게까지 해야 하나 생각했던 것 같다. 이런다고 우리의 감정적 문제가 해결이 될까, 관련이 없는 친구들은 이 자리에서 대체 무슨 고생인가. 선생님들은 그 날을 어떻게 평가하셨을지 궁금해진다. 10년이 지난 지금 내가 생각하는 그 자리의 의미는, 어쨌든 우리 모두는 그 일을 회피하지 않고 직면해야만 했다는 것이다. 비자발적이었지만 모두 함께 풀어나가고자 노력했다. 물론 그 시간이 조금 괴롭기는 했어도.

갈등을 마주한다는 것은 갈등 상황을 해결하는 것과는 다르다고 생각한다. 문제 해결을 떠나 그 상황을 올바르게 이해하는 것, 그에 대한 내 감정을 인지하는 것, 그리고 그것을 어떤 방식으로든 표현해내는 것이다. 그렇게 된다면 설사 갈등이 해결되지 않더라도 '잘' 처리한 것이라고 생각한다. (상담)교사의 역할은 아이들의 문제를 해결해주는 것이 아니라 그저 그 과정에서 아이가 느끼는 감정을 들어주고 수용해주는 것뿐이다. 그리고 그 과정은 갈등 해결 자체보다 치유의 힘을 가지고 있음을 믿는다.

잘 풀어내지 못한 갈등은 상처로 남게 된다. 내 경험으로부터, 확신을 가지고 말할 수 있다. 그 상처는 꽤 오랜 시간이 지난 후에도 발목을 잡아 다른 갈등 상황을 마주하는 것을 두렵게 만든다. 나조차도 잘 풀어본 경험이 없기 때문에 아이들이 갈등 상황을 처리하도록 도와주는 것이 너무 어렵다. 나도 묻어두었던 이야기를 조금씩 꺼내어놓아야겠다. 내 말에 힘을 싣기 위해서.

더불어 사는 삶

어떤 사람이고 싶은지 늘 고민했고, 고민의 답은 계속 변해왔다. 앞으로도 그럴 것이다. 답보다는 그 고민을 놓지 않고 있다는 것이 중요했다. 이런 고민은 인턴쉽 프로그램을 통해서 시작되고 이어진 것은 아니다. 굳이 그런 거창한 프로그램이 아니더라도, 이우에서 보낸 6년의 시간은 내가 어떤 사람으로, 어떤 삶을 살아가고 싶은지 스스로 생각하며 살게끔 만들었다.

2020년의 나는 내가 인간적 감성을 지닌 사람이었으면 좋겠다고 생각한다. 행복할 때 같이 행복하고, 슬플 때 같이 슬퍼할 줄 아는 사람이 되는 것. 그것이 내가 생각하는 더불어 사는 삶이다. 과연 이우에서 나는 더불어 살았는가? 라고 묻는다면 쉽게 그렇다고 대답하지 못할 것 같다. 생각보다 많은 아이들이 학교생활을 하며 상처받았다는 사실을 졸업하고도 한참이 지나서야 알게 되었다. 누군가가 상처받는 상황을 인지하지 못했던 걸까? 대수롭지 않게 여기고 넘겼던 것일까? 용기가 없었던 것일까? 아니면 내가 상처를 주었을지도 모른다. 머리로는 더불어 살자고 했지만 실제로는 그러지 못했던 것이다. 그 모순됨으로부터 많이 배우고 반성했다. 내가 누군가의 상처를 지나치지 않고 살아가기를 바란다. 용기 내어 함께하기를….

이사회
힘을 가진 너희들 쫄지마!
세상을 이길 수 있는
눈이 부시게
오늘을 살아라
학부모회
교사회
알 수 있기를 . . .
어디서든 봄바람 부는 곳을
마지막 순간을 그리다
영원히 기억될
학생회

#8

©이주한

일시 : 2020. 2. 16. 15:30~17:30

장소 : 이우학교 더불어관

정리 : 하길임(이우학교 졸업생 부모)

참석자　**한승수**(학교법인 이우학원 이사장 겸 졸업 학부모), **박형영**(전 이우교육
공동체 대표 겸 졸업 학부모, 사회), **임선영**(이우학교 교사), **남석종**(이우고 3
기 졸업생), **박다솜**(이우고 3기 졸업생), **김동민**(이우고 4기 졸업생), **신한슬**
(이우고 4기 졸업생), **이석화**(이우고 4기 졸업생), **차명식**(이우고 4기 졸업생),
김지원(이우고 6기 졸업생)

원고 작성을 마친 졸업생들 몇몇을 모교로 불렀다. 글로는 다 표현
할 수 없었던 생생한 이야기들을 직접 들어보기 위해서였다. 대화
를 풍부하게 끌어가기 위해 졸업생 외에 이우학원 이사장과 현직
교사도 초대했다.

사회자 박형영　작년 여름 아이디어 차원에서 나눈 이야기가 여기까지 왔다. 오늘 좌담회 내용은 책에 실을 예정이다. 편하게 이야기 나누면 좋겠다. 우선 현재 하고 있는 일을 간단하게 이야기하는 것으로 자기소개를 부탁한다.

김동민　대학 졸업 후 취업해서 인턴 하다가 이 길이 내 길이 아니라는 확신이 생겨서 다시 공부를 시작해야겠다고 마음먹고 심리학 대학원을 가기 위해 준비 중이다. 오랜만에 친구들을 만나서 기쁜 마음으로 참석했다. 반갑다.

이석화　대학을 졸업하고 2019년 이우에서 교생실습을 했다. 그것이 계기가 되어 2020년부터 이우학교에서 기간제 교사로 아이

들을 만나게 됐다. 친구들과 함께 이야기하게 되어 기쁘다.

김지원　이우중학교와 고등학교를 다녔다. 2011년 2월에 졸업했으니까 거의 10년이 다 되어가는 이 시점에 이우학교에서의 경험을 글로 쓰면서 다시 돌아볼 수 있어 좋았다. 이우고 졸업하고 인류학 공부를 계속했고, 지금은 박사 진학을 앞두고 있다. 즐겁게 얘기했으면 좋겠다.

신한슬　시사IN에서 기자 생활로 시작해서 펀치라는 미디어 만드는 과정에 참여했다가 헤이조이스라는 커뮤니티 회사에 있다. 원고료를 충분히 준다하서서 참여했다.(웃음)

한승수 졸업 학부모이기도 하고 지금은 본의 아니게 이우학교 이
　　　　사장을 맡고 있어 불려 나왔다. 같이 즐겁게 이야기하면 좋겠다.

남석종 기획사도 뭣도 없이 혼자 음악하고 있고, 최근에 '여러분
　　　　음악하지 맙시다'라는 주제의 '음악하지 말자'라는 곡과 '내 결
　　　　혼 전선에 빨간불이 들어왔다'라는 내용의 '빨간불'이라는 곡을
　　　　만들었다. 살면서 느낀 것들을 이야기하면서 음악하고 있고, 지
　　　　자체와 함께 문화예술도 기획하고 진행하면서 지내고 있다.

임선영 이우학교에 근무 중이다. 오랜만에 본 친구들이 많은데 오
　　　　늘 나눌 이야기가 궁금하기도 하고 왠지 좀 떨린다. 마치고 나
　　　　서 어떤 느낌일지 기대된다.

박다솜 연극을 너무 좋아해서, 연극을 평생 하고 살겠구나 생각했
는데, 대학 졸업할 때 즈음 이 길이 아니구나 확신이 들어 새로
운 공부를 하고 싶다는 생각을 갖고 공부를 하게 되었다. 2019
년에 기간제 교사로 1년 동안 이우 아이들과 국어수업을 함께
했다. 올해 임용을 준비하려고 한다.

차명식 늦어서 죄송하다. 동탄에 사는데 버스를 타면 두 시간이 걸
린다. 작년 사업을 정산하고 있는데 꼬여서 며칠째 상당히 피곤
한 상태다. 택시 승차 거부도 있어서 늦었다.

글을 쓰면서 느꼈던 점

사회자 가볍게 시작하는 의미에서 글을 쓰면서 느꼈던 것, 오랜만
에 학창시절과 이후의 경험을 글로 쓰니 어떤 느낌이었는지 한
마디씩 부탁드린다. 우선 책에 쓴 내용과 쓰지 못한 이야기에
대해 이야기를 나누면 좋겠다. 논리적인 토론이 아니니 개인적
인 이야기를 편하게 이야기하면 되겠다. 이사장님과 선생님은
특별초빙을 했는데, 중간 중간 편하게 말씀하셔도 좋고 마지막
에 말씀하셔도 좋다.

박다솜 제가 원고를 쓸 때가 2019년 이우학교에서 일할 때라 여러

가지 정체성을 가지고 글을 썼다. 하나는 재학생이었을 때의 나, 졸업생으로서의 나, 다시 학교로 돌아온 새로운 구성원이 된 나, 여러 가지 정체성을 갖고 글을 써서 재밌기도 하고, 쉽게 쓰기 어려운 부분도 있었다. 원래 생각하고 있던 것이 다시 이우학교에 와서 겪으면서 바뀌기도 했고, 오히려 글을 쓰고 나서 아이들을 만나면서 이런저런 하고 싶은 이야기가 많아졌던 기억이 난다. 구체적으로 지금의 아이들을 만나면서 저의 학창 시절이 투사되거나 겹쳐 보이거나 할 때에 내가 이렇게 말해주는 게 맞나라는 생각에 어려웠다. 글 쓰면서 이우학교가 삶에서 큰 것을 결정하게 만들지는 않았지만 '작은 삶의 태도에 영향을 끼쳐왔구나'라는 생각을 했다.

남석종　원고 제안 받았을 때가 2019년 수원에서 광복절 기념 행사를 준비할 때였다. 정신이 없을 때였다. 초기 집필 계획서를 쓰면서 먼저 떠오른 것은 내가 고등학교 때에 거의 본능적으로만 살았구나 라는 것이었다. 크게 고민했던 기억이 별로 없고 그때 그때 상황이나 끌리는 대로 살았다. 방학 때는 집에서 두 달 간 나오지 않고 집에서만 지냈던 이야기와 최근 지내고 있는 이야기를 쓰다 보니 글을 잘 못 쓰는 편인데 그냥 편하게 썼다. 완성하고 다시 읽어보니 '이게 책으로 나온다고?' 약간 미안하다는 생각이 들었다. 학교 다니면서든 그 이후든 이우에서 특별한 뭔가 있었다고 생각해본 적이 없다. 은연중에 가끔씩 느껴지거나 주변 사람에게서 삶의 태도에 대해 '개념이 없는 건 아닌데, 신개념인 것 같다'는 소리는 많이 들었다. 원래 기질도 있고, 이우 다니면서 몸에 배인 부분도 있어서 그런 내용을 쓰려고 했다.

신한슬　저는 원래 참여 안 하려고 했다. 30대가 넘었는데도 입시 얘기하는 사람 보면 그때가 인생의 유일한 의미가 있는 사건인 것처럼 말하는 것 같아서 한심해보였다. 저에게 지금에 와서 10년 전 이야기를 쓰라고, 이우가 나에게 어떤 영향을 미쳤는지 이야기하라고 하니 그런 사람처럼 보일 거 같았다. 두 가지가 있다. 하나는 내 경험으로 이우학교를 대표해서 설명하는 것처럼 보일까봐 조심스럽다. 다른 하나는 제가 이우학교를 다닌 사람으로만 설명된다는 점에 거부감이 느껴졌다. 이렇게 써도 괜찮을까 하는 생각을 하면서도 원고료 생각하면서 쓰고 싶은 대로 썼다.

김지원　저는 이우를 다니면서 제가 대안적인 교육에 잘 맞다거나 대안교육에서 원하는 이상적인 학생은 아니라고 생각했다. 그래서 특별하지 않은 학생으로서의 이야기를 들려줄 수 있겠다고 생각했다. 한슬 언니 말처럼 내 삶의 일부를 이우학교에서의 경험에 의한 것으로 환원시키거나 반대로 제 경험으로 일반화시켜서 사례와 일반화 사이의 관계를 쉽게 단정하지 않았으면

했다. 그렇게 읽히지 않길 바란다는 이야기도 글에 썼다. 이 글이 '이우가 좋았다' 혹은 '이우가 문제였다'는 식으로 단정 짓는 소스가 되지 않길 바란다. '이런 고민을 하는 학생도 이우학교에 다녔구나' 정도로 읽히길 바란다.

이석화   저는 졸업하고 10년 만에 이우로 돌아와 교생 실습을 마쳤을 때에 원고 제안을 받았다. 교생하면서 아이들에게 이런 비슷한 질문을 많이 받았다. 학교 다닐 때에 어땠는지, 어떤 것이 힘들었고 좋았는지 아이들이 궁금해했다. 그때 생각이 정리가 안 되어 있기도 했고 함부로 말하기 힘든 점이 있어서 대답을 못해 줬다. 내 생각을 전달하지 못해서 아쉬웠던 터라 생각했던 것을 글로 정리해보자는 마음으로 참여하게 되었다.

 이우 다니던 시기부터 졸업한 시기, 방황하던 시기, 교생을 했던 지금 시점까지 살아온 이야기를 그냥 썼다. 졸업한지 10년이 되었는데도 정리하다 보니 내 삶 모든 시기에 이우 시절이 영향을 주고 있었다. 저도 비슷한 고민을 했다. 이 글로 독자가 잘못된 판단을 할까봐 고민이 되어서 최대한 객관적으로 쓰려고 노력했으나 그렇게 못했다. 저는 주관적으로 썼다. 쓰면서 내가 이우학교를 좋아했고, 좋아하는구나 라는 걸 알았다. 쓰면서 내 인생에서 하고 싶은 일도 알게 되었다. 이우학교 선생님이 되고 싶다는 확신을 갖게 되었다.

김동민 이 글을 쓴 시점이 대학원 원서를 준비하는 시점이었다. 그때 자신감이 없는 힘든 상태여서 과거를 돌아볼 수 있겠다는 생각은 부차적이었고, 원고료가 가장 큰 동기가 되었다.(웃음) 가장 큰 힘듦은 글 실력이었다. 일기는 많이 써왔지만 내 글을 모르는 누군가가 읽고, 영향을 받을 수 있다는 것은 다른 차원이었다. 앉아서 타자를 치려는 순간부터 어떻게 시작해야 할지 막막한 작가의 고뇌를 처음 느껴봤다. 어떤 메시지를 줘야 할지 일주일 동안 고민했다. 스스로 내린 결론은 정답은 없고, 다들 자신만의 스토리로 글을 쓸 테니 나는 나의 스토리를 쓰자고 정했다. 내가 이우학교를 대표한다는 생각을 갖지 말자고 생각하니 부담감이 덜어졌다. 저는 이우를 제 스타일 대로 다녔고, 이우에 대해 저만의 키워드가 딱 하나 있기 때문에 그것을 썼다. 그 키워드가 내 인생에 어떤 영향을 미쳤고, 앞으로 어떻게 영향을 미칠 것인가에 대해서 썼다.

차명식 저는 '인문학 공동체 〈문탁네트워크〉'에서 일을 하다가 청년들끼리 독립해서 만든 〈길드다〉라는 단체에서 근무하고 있다. 여러 가지 활동을 하고 있는데, 특히 청소년 대상의 교육 프로그램에 이우 아이들이 꽤 온다. 10 기수 차이나는 아이들과 이야기를 많이 한다. 학교에서 제 앨범 사진을 뒤져서 찍어오기도 한다. 아이들에게 최근 학교가 어떻게 돌아가는지 듣고 있다. 작년에 원고를 써보겠냐는 제안을 받고 별 생각 없이 썼다.

이야기 해오던 것이 있어서 어렵지 않았다. 저는 이우가 나에게 영향을 주었다고 생각하고 스토리텔링을 구성했다.

이우학교를 졸업하면 뭐가 다를까

사회자 책을 기획할 때 졸업생들이 각자 편하게 자기만의 이야기를 펼쳐주기를 기대했는데 그런 의도를 충분히 이해하고 글을 쓴 것 같아 다행스럽다. 이제 본격적인 이야기를 해보자. 이우학교에 관심 있는 사람들이 가장 궁금해 하는 것은 '이우학교를 졸업하면 뭐가 다를까'이다. 뭔가 특별한 교육을 받았기 때문에 뭔가 특별한 사람이 되어 있지 않을까 기대하는 듯하다. 이우학교를 나왔기 때문에 사회생활에서 남달랐던 경험은 무엇이 있을까?

차명식 대학교 다닐 때 가끔 수업 받다가 욱할 때가 있었다. 교수님이 에고이스트일 경우 학생의 의사와 관계없이 본인 느낌대로 과제를 준다거나, 민감한 차별적인 발언을 농담이라고 할 때에 욱한다. 언젠가 이우학교 출신 후배와 같이 수업을 듣고 있는데 교수님이 에고이스트였다. 자신의 말씀과 다르게 학생들의 의사와 상관없이 수업을 진행하시는 바람에 욱해서 말을 하려는 순간 후배가 먼저 터져서 교수님과 논쟁을 벌였다. 일반

268

학생들에게는 교수에게 학생이 그렇게 발언하는 것 자체가 드문 일이겠지만 이우학교 다닐 때에 선생님께 하고 싶은 말을 다 했던 것에 익숙하다 보니 사회적으로 군말 없이 따라야 하는 관계에서도 자기 의견을 탁탁 뱉게 된다.

문탁네트워크도 그런 스타일이다. 나이 차가 문제가 되지 않는다. 교수님들이 많이 계신데, 학교에서는 어떤지 몰라도 문탁에서는 나이와 관계없이 자유롭게 의사를 나눈다. 그런 방식으로 관계를 맺게 되면서 여러 가지 담론을 가지고 이야기를 나눌 수 있었다.

남석종　저도 비슷한 경험이 있다. 돌아보면 운이 좋았다. 전공 첫 수업에서 교수님과 40분 정도 논쟁을 벌였는데, 마침 논쟁을 좋아하시는 분이셨다. 저는 크게 문제없이 대학을 다녔다. 사회에 나와서도 작업을 하다보면 권위적이거나 직함으로 찍어 누르는 사람이 있는데, 저는 자연스럽게 그런 관계를 피하려고 한다. 본능적으로 그런 게 생긴다. 학교에서 배운 이상적인 것, 옳은 것들이 실제 생활과 합치가 안 되고 다른 방향일 때가 많다. 개인적으로 정치적인 부분에서 많이 느꼈고 그걸로 노래를 했다.

사회자　잘못된 부분에 대해 반발하는 태도는 본인의 기질인지, 이우에서 그런 기질이 생기거나 더 강해진 것인지 궁금하다.

남석종 대학에서 친한 형들이 장난처럼 이야기했던 것이 '역시 대
안학교 출신은 달라'였다. 실제로도 이우학교가 영향을 줬을 것
이다. 타고난 기질과 집안 분위기에서 기본적인 성격 특성이 만
들어졌고, 그게 이우학교를 거치면서 학교 분위기와 제가 나이
를 먹는 것이 결합되어 자연스럽게 나타난 거라고 생각한다.

사회자 오늘 참석한 졸업생 중 기업에 다니는 사람은 한슬 씨가
유일하다. 회사라는 조직에서 겪은 느낌은 다를 것 같다.

신한슬 제가 시사IN에 입사했을 때에 비슷한 질문을 받았다. 까라
고 하면 깔 수 있느냐고 물었다. 이유가 있으면 해야 하지 않겠
냐고 했더니 이유가 없어도 시키면 할 수 있느냐고 물었다. 이
유가 없이 시킬 분들 같지 않다고 대답했다. 확인하려고 했던
것 같았는데 막상 입사 후에 그런 일은 없었다. 저는 기 싸움이
피곤하고, 적당히 맞춰주는 편이다. 그런 것 때문에 피곤해지는
게 싫다. 시사IN에서 나온 뒤에 있었던 스타트업 회사는 수평
적인 분위기였다. 그런 문제로 실제로 힘든 적은 없다.

김지원 제가 일했던 '사회적 참사 특별조사위원회'는 좀 특수하다.
민간인과 공무원이 함께 일하는 곳이라 잘하면 관료제와 시민
단체의 장점을 살릴 수 있겠지만 반대로 단점만 나타날 수도 있
는 조직이었다. 가습기 살균제 참사 연구할 때에 NGO 단체와

일을 했다. 저는 조직에서 부당하다 싶은 일이 생겨도 앞에 적극적으로 나서지 못하고 주변에서 먼저 나서면 함께 목소리를 냈던 것 같다. 이우학교의 경험을 연결해본다면 학생이라는 위치에서도 존중받은 경험이 많았기 때문에 정당한 방식으로 존중받지 않으면 화가 났다. 그런 예민함이 있다. 그러나 이우를 다녀서 그런 사람이 되었다고 보기는 힘들다. 일반학교 친구들도 저보다 더 목소리 낼 줄 알고 부당함에 대해 화낼 줄 안다.

이석화　저는 교육학 전공을 했는데, 거기에서 내가 경험한 이우학교 이야기를 하면 다들 신기해했다. 한번은 교육학 시간 한 시간 동안 질의응답만 했던 경험도 있다. 진짜로 그렇게 하느냐며 계속 물어봤다. 그들은 자신의 중고등학교 경험을 바탕으로 많이 판단하는데, 그럴 때마다 다름을 느꼈다. 내가 이우학교에서 혁신적이고, 도전적인 활동을 많이 했구나 라는 것을 느꼈고 영향력이 있었다.

박다솜　대학과 사회생활에서 다르다 라고 느꼈던 것은 내가 뭘 좋아하고, 뭘 싫어하고, 뭘 해보고 싶고, 어떤 부분에서 성장하고 싶은지에 대한 세세한 취향들을 이우학교를 다니면서 빨리 형성할 수 있었다는 점이다. 이우학교는 나를 생각하게 만드는 활동이나 과제가 많았다. 직업을 선택하거나 뭘 하려고 할 때에 구체적인 이유가 없는 친구들을 만날 때에 놀란 적이 있다. 연봉 때문에, 안정적이어서, 편할 것 같아서, 공부를 잘했으니까 처럼 단순한 이유를 가진 친구에게 너는 뭘 좋아하는데? 뭘 잘 해보고 싶은데? 라고 물어봤을 때에 그런 고민을 해본 적이 없었다거나 이제 막 그런 고민을 시작했다는 말을 들었다. 그런 이야기를 듣고 나의 취향을 확보할 수 있는 시간들을 이우에서 많이 보냈구나 라는 생각을 했다.

차명식　혹시 학교 이미지에 대한 이야기를 듣고 싶어하실지 모르겠다. 귀족학교라는 소리는 오래전부터 있었다. 예를 들어 선배 돈 많아요? 식의 질문도 들었다. 그런 건 아무렇지 않고 별 문제가 되지 않는다. 오히려 제가 청년팀 작업을 하다 보니 다른 대안학교 출신 친구들을 많이 만난다. 간디학교 출신 친구들이 정말 많다. 그들에게 이우학교는 진로 방면에서 법대 의대 많이 가고, 다른 대안학교에 비해서 대안적인 풀로 많이 안 온다는 이미지가 있다.

신한슬　제가 사회학부였는데 특목고, 자사고, 민사고가 압도적으로 많았다. 너는 어느 고등학교 나왔느냐고 물어봐서 이우학교라고 했더니 거기도 좋은 학교라고 말하면서 마치 특목고의 일종인 것처럼 인식해서 깜짝 놀랐던 기억이 있다.

사회자　지금까지 주로 권위에 대한 태도나 사회의식 등에서 다른 학교 출신들과 다른 점에 대해서 이야기를 했다. 앞에서 언급한 그런 것 말고 대학이나 직장에서 어떤 평가를 받았는지 궁금하다.

박다솜 졸업생 친구들을 만나면 '우리 많이 사회화되었다'는 말을 한다. 예를 들어 유하게 소통하는 방식이다. 저는 고등학교에 입학하고 처음에 넘쳐나는 자유에 압도당해서 무기력한 시기를 보냈다. 나사 풀린 채로 무기력하고 나태하게 지낸 시기가 있었는데, 그런 것을 선생님들이 많이 존중해주셨다. 열병 같은 시기가 있는 거라고 생각해주시고 그 시기를 넘어갈 수 있도록 같이 도와주시는 분위기였다. 막상 사회에 나왔을 때에는 그런 것들을 달갑게 받아주지 않았다. 20대 지나면서 그런 부분은 많이 다듬어졌다. 그래서 사회 나오고 처음에는 어려움이 있었다. 이우학교 나와서 아이디어를 내고, 새로운 의견을 개진하고, 소통하고 협력하는 것은 잘 하지만 불성실하고 날카로운 부분이 있다. 그런 부분은 시간이 지나면서 많이 다듬어지고 사회화가 되는 거 같다.

신한슬 저희 기수 친구들은 같은 학교에 같이 다녔지만 개별 차가 훨씬 크다.

차명식 저도 한슬이 말에 동의한다. 한번 여쭤보고 싶다. 이우학교를 나와서 특별한 게 있느냐는 질문을 하실 때에 이우학교 학생이라는 집단이 어떤 동일한 것을 공유하고 있다고 말씀하시는 것 같다. 저는 그런 질문이 이상하다. 어떤 집단을 동일한 정체성으로 묶는 것은 일반학교가 더 잘한다. 이우가 지향하는 것은 다양성을 만들어내는 것이고, 실제로 이우학교를 다닐 때에 공통된 것으로 사람을 묶으려고 하지 않았다. 만약 그렇게 하려 했다면 실패라고 생각한다.

제가 이우학교에서 경험했던 특별한 것은 학교, 학부모, 학생이라는 3주체 활동이다. 일반적인 학교는 당국에서 지식을 전수하는 것으로 보지만, 이우에서는 3주체가 맞추려다 보니 일방적으로 전달되는 법이 없었다. 항상 싸웠고, 학생회의, 학생―학부모회의, 학교―학부모회의가 있었다. 이런 환경에서 치고받으면서 배운 게 훨씬 많았다.

물론 경험은 모든 사람이 똑같이 가져가는 건 아니다. 똑같이 이우학교를 나왔더라도 학교를 싫어하는 친구도 많다. 이우에서의 경험이 안 좋게 남은 친구들도 많다. 그 아이들은 다른 뭔가를 가져갔을 것이다. 각자의 경험으로 가져갈 수 있다는 것에 가치를 둬야지 어떤 통일된 배움으로 해석하려고 하면 겉치레일 거라고 생각한다. 이우 아이들은 자율적이다, 자기주도적이다 이런 것은 옳은 말이 아닌 것 같다.

사회자 동질적인 집단으로서 이우 졸업생의 차별성을 물어본 것은 아니었다. 각자의 경험에서 무엇이 다르다고 느꼈는지 궁금했다. 명식 씨가 이우학교 교육에 대해 본질적인 지적을 해줬다. 그런데 이우학교는 말 잘하고 적극적으로 활동하는 친구에게는 좋은 학교인데, 소극적이고 혼자 있기를 좋아하는 친구에게는 참 힘든 학교일 수도 있겠다는 생각이 든다. 다른 분들 생각은 어떤가?

신한슬　그런 친구들은 이런 자리에서 만나기 어렵다. 친한 친구 중에도 활동하는 것을 안 좋아하던 친구가 있었다. 나중에 자기가 말 안 하고 조용히 있어도 그것으로 놀리거나 뒤처진 것으로 보지 않아서 고맙더라는 말을 들었다. 학교가 덜 의미 있는 친구들이 있을 것이다. 그런 부분이 궁금하셨다면 전체 조사를 해야 한다. 이렇게 학교와 관계 맺고 있는 사람들을 모으면 대부분 긍정적인 경험을 말하지 않을까 싶다.

이석화　제가 그런 사람이다. 굉장히 소극적이고 지금도 자기주도적이지 못하다. 저 같은 아이가 이우학교에 오면 힘든가? 저는 전혀 아니었다. 오히려 이우학교에 와서 저와 달리 자기주도적이고, 선생님과 맨날 싸우는 아이들을 보게 되었고, 그런 친구들과 협조할 수밖에 없는 시스템으로 엮이면서 제게 부족했던 자율성을 많이 배웠다. 이우에서는 안 맞는 친구들과 함께 활동할 수밖에 없는 구조라 갈등이 많았다. 제가 일반학교를 다녔다면 사회에 나가서 힘들게 했을 고민, 사람 사이의 관계들을 먼저 경험했다고 생각한다. 내 의견이 다르면 목소리를 내야 한다고 이우에서 배웠나? 오히려 이우학교를 다니지 않았다면 내 목소리를 냈을 것이다. 제가 이우학교에서 배운 것은 다른 사람들과 함께 살아가는 세상에서 오히려 목소리를 내기보다 상대를 존중하고 맞추는 것이었다.

신한슬   저는 태어나서부터 나대는 사람, 목소리 큰 사람이었다. 중학교에서는 소극적이고 조용한 아이들 때문에 힘들었다. 무시하거나 얕잡아볼 때도 있었는데 언젠가 그렇지 않다는 것을 깨달았다. 그 친구들이 말하지 않을 뿐이었다. 묻지 않아서 말할 기회가 없었을 뿐이었다. 이야기할 기회가 생겼을 때에 제가 생각하지 못한 것을 들을 수 있었다. 연극 같은 것을 하다가 친구들에게 많이 배웠다. 저는 이우학교 친구들한테서 많이 배웠다고 항상 말한다.

김지원   저는 활발하지 않고 혼자 그림 그리기 좋아하는 조용한 성격이었다. 저는 이우학교가 활발하고 저항적인 대안적인 학생을 원한다고 느꼈다. 그게 주류 교육과의 차별화나 친구들을 보호하기 위한 것일 수도 있지만, 나는 학교와 안 맞나, 덜 대안적인가, 순종적인가, 주류에 맞는 사람인가 생각했다. 지금 생각해보면 이해가 된다. 당시에는 이우학교 밖의 상황을 잘 몰랐지만, 지금 생각해보면 그런 학생들을 더 키워주고 싶고, 학생의 그런 모습을 끌어내려고 노력을 했다고 생각된다.

김동민　이야기를 듣다 보니 하고 싶은 이야기가 생긴다. 저도 이우가 기대한 방향대로 흘러간 사람은 아니다. 그러면서 깨달은 것이 이우학교의 진짜 매력은 '더불어 함께'도 있지만 갈등할 수 있었던 공간이었다는 것이다. 사춘기라는 자아 정체성을 찾아가는 시기에 정말 다양한 사람들이 어디로 가야 할지 모를 상황에서 서로 싸웠다. 저도 적극적인 사람은 아니어서 말 잘하는 친구들의 주장을 들으면서 나는 왜 저렇게 하지 못할까, 나는 누구일까라는 고민을 정말 많이 했다. 그때는 그게 너무 큰 스트레스였는데 이제 와 생각해보면 그때 했던 고민과 갈등이 저를 만드는 재료가 되었다.

사회자　졸업생들의 이야기를 많이 들었으니 이쯤에서 선생님 말씀을 한번 들어보면 좋겠다.

임선영　학생들에게 질문하시는 것을 들으면서 저도 답을 하고 있었다. 교사로 어딘가 가게 되면 학교 소개를 하게 된다. 대안교육연대 같은 곳에 갔을 때에 이우학교에서 왔다고 말하는 맥락과 일반학교 선생님들이 많이 모인 곳에서 이우학교라고 하는 것의 맥락 사이에서 확연한 차이를 느낀 경험이 떠올랐다.

이우에 왔던 첫 해에 어디든 찾아다녔다. 일반학교 선생님들 모임에서 자기소개 했을 때에, 아이들 20명이죠? 선발이죠? 거기는 준비된 아이들이니 뜻한 대로 다 구현되는 곳 아닌가요? 교육하기 참 좋겠어요 라는 이야기를 들었다. 그러나 이런 이야기의 어디에도 저는 없었던 것 같다. 저도 처음 학교 와서 멋진 설명을 많이 들었다. 참 매력적인 곳이었다. 그런 경험이 부재한 내가 설명을 듣고 해석해서 이야기하면 갭이 너무 컸다. '저 분들이 알고 있는 정답을 나는 모르고 있으니 얼른 알아야 해'라는 마음으로 열심히 돌아다녔던 것 같다. 돌이켜보니 그런 답은 없는 것 같다. 이우의 더불어함께 라는 삶도 어떤 표상이 있는 게 아닌데, 교사로서 나름대로 표상을 정했다. 학생들 이야기 들으면서 나와 비슷한 마음이었겠다 싶어 공감했다.

스스로를 안달복달 했던 것, 아이들에게 왜 의미 있게 전달을 못하지? 내 언어가 있는가? 계속 고민하면서 아이들 앞에 서야 했고, 나의 언어는 빈곤했다. 그런 과정을 돌이켜보니 학교에서 알려준 정해진 커리큘럼으로 배운 것이 없는 것 같다는 말, 각자 다른 방식으로 배운 것 같다는 말에 공감이 된다. 대안이라는 것이 뭔가 보고 묻고 찾아갔던 그 과정이 배우는 과정이었다. 답을 찾아가는 그 과정에서 크게 배웠다. 그 답은 없는 것이고, 각자 방식으로 어떤 길을 만들어갈지 질문해야 한다. 학생들은 과정을 지나왔던 것이고, 교사는 앞으로도 여기에서 그 질문을 하면서 살아야 하니 많이 무겁다.

더구나 여기는 지역에 부모님이 많이 계셔서 자기 검열이 많아진다. '이우 교사가 이래도 돼?' 여행을 가도 '콘도 같은 곳에 와도 돼?' 그런 질문 사이에서 왔다 갔다 한다. 그런 과정에서 내가 지금 여기에서 어떻게 함께 행복해질 수 있을까? 내 삶으로 내 언어를 만들어낼 수 있을까? 예전에는 저기까지 어떻게 갈지를 고민했다면 지금은 아이들 손잡고 동료 교사들과 함께 같이 가보자. 그 과정에서 찾아지겠지 라는 마음이 이야기를 쭉 들으면서 들었다.

맘 한편에 불편함이 있다면 말 잘하는 친구들, 사실 귀 기울여진다. 또 하나는 대학 나오지 않은 친구도 꽤 있다. 어떤 직장에 있었다고 말할 수 없는 자기 삶으로 살아온 친구들이 많다. 이우학교의 여러 가능성 중에 하나다. 이 친구들의 스토리가 이우학교의 가능성을 말할 수 있는지 모르겠지만 이우학교를 통과함으로써 자기 스토리가 만들어진다면 이 친구들의 이야기와 언어도 수면 위로 올려봤으면 한다. 그 경험이 현재 학교 다니는 친구들에게 더 클 수 있겠다. 막연한 길을 찾아가는 친구들에게 그 길에 서 있는 느낌이 어떤 것인지, 버틸 수 있게 하는 것이 무엇인지 들려줄 수 있지 않을까.

사회자   이 주제로 좀 더 말씀하실 분이 있다면 나눠보자. 이우학교 교육의 본질, 제대로 하고 있는가에 대한 의문이 아닐까. 돌아보니 어떻더라는 이야기는 중요한 내용인 것 같다.

차명식 한 가지만 더 말씀드리고 싶다. 이런 종류의 책이 처음이 아니다. 누가 서울대 가다라는 책도 있었고, 그런 걸 보면서 말씀드리고 싶은 것은 저희가 여러 이야기를 하는데, 이상적인 모델이 되지 않았으면 한다. 진보나 발전이라는 단어를 쓸 때에는 목표 지점이 있고, 거기에 얼마나 가까워졌는가를 가지고 척도 삼아 평가를 한다. 이우학교에 대한 기대와 이상향이 달라서 싸웠다. 이상향을 정해놓고, 얼마나 가까와졌는가 이야기한다거나, 실존하지 않는 이상적인 모습을 보여주기 보다는 많은 다양한 형태의 가능성들이 있었고, 지금도 만들어지고 있고, 그것을 위한 갈등이 있고, 발전과 진보가 아니라 변화가 이뤄지고 있다는 것, 그럼에도 계속 새로운 것이 시도되고 있음을 보여주는 것이 이우의 가치라고 생각한다. 저와 만나는 이우학교 아이들이 가장 힘들다고 말하는 것도 학교에서 뭔가 싸워보고 싶은데 그런 분위기가 약해지고 있는 것이라고 했다.

박다솜 이우학교 학생들이 겪는 피로감은 이우인이라는 말로 정리되거나, 졸업 후에도 은연중에 강요되는 일종의 척도다. 기존의 교육과 다른 교육을 받았음에도 교육적인 성과를 낼 수 있었다고 말하고 싶어 하는 것 같다. 입시 결과로 설명되거나, 대학 진학을 안 했을 때에는 대안을 증명할 모델을 만들어 간다든지, 그렇게 내 삶을 보여주고 증명해야 하는 것 때문에 피로감이 있다. 대외적으로 뭔가를 보여줄 수 없는 친구들의 좌절감을 생각할 때 속상하다. 글을 쓸 때에 그런 생각이 들었다. 이 책은 이우학교 교육을 받아서 사회에서 적응하고 성과를 내며 한몫을 하며 살고 있다는 그림을 바라는 것 같았다.

사회자 그렇지 않다.

박다솜 그런가?(웃음) 이우가 나에게 가장 크게 미친 것은 삶의 태도다. 어떤 직업, 학교가 아니라 추상적이지만 가장 크게 배운 것은 가치다. 나 혼자 잘 살고 싶지 않고, 누군가의 말에 귀 기울이고 싶고, 진짜 더불어 사는 게 뭔지 삶의 영역에서 하나씩 찾아가고 싶은 마음을 배웠다. 학교에서 아이들을 만날 때에도 이런 고민을 하는 아이들이 많은데 아이들이 어떤 성과를 내지 못하면 자신감이 떨어진다. 삶에서 아주 작은 것으로 고민하는 친구들이 많다. 옆에 있는 친구와 어떻게 마음을 나누며 살아갈까? 사회적 소외자에게 어떻게 마음을 쏟고, 귀기울일 수 있을까? 이런 것을 고민하는 것 자체가 이우학교에서 배운 아주 귀중한 것이다.

사회에서 성공적으로 잘 적응하거나 특별한 몫을 하는 것, 그게 좋은 것인가? 그런 생각이 들고 안타까움이 항상 있다. 지금 학교 다니는 친구들을 보면서 그런 생각을 많이 했다.

남석종 말씀을 듣다 보니 다른 분들의 원고가 궁금해진다. 책을 다양한 분이 읽겠지만 읽고 난 후에 아~ 이렇구나 라고 결론이 나면 안 되겠다. 결론을 기대하고 보신 분들이, 뭐지 이 책은? 이런 느낌이면 좋겠다. 같은 졸업생이라는데 지 멋대로 살고 있구나, 결론이 없구나의 느낌이면 좋겠다.

신한슬   저는 솔직히 그만 물어봤으면 좋겠다. 3주체가 각자의 경험을 썼으면 좋겠다. 학교가 자신에게 어떤 영향을 미쳤는지, 뭐가 달라졌는지 써봤으면 좋겠다. 여기에 없는 소외된 목소리를 담기 위해서는 모든 사람이 해보면 좋겠다.

김동민   말씀이 공감이 된다. 저도 제안을 받았을 때 백수였다. 쓸 자격이 있을까라는 생각이 드는 것 자체가 뭔가 문제라고 생각했다. 왜 이런 생각을 가져야 하지? 나는 나의 스토리가 있는데? 그래서 용기내서 썼다. 자기의 스토리를 쓰고 있는 친구의 목소리를 잡아줬으면 좋겠고, 이 책도 의미가 있다.
산에는 등산로가 있다. 자기가 가는 길이 길이 되듯이 정해진 답은 없다. 너무 큰 산에 떨어지면 어디로 가야 할지 궁금한 사람도 있을 것이다. 이우학교에 오고 싶은 사람들에게 이우학교라는 산이 어떻게 생겼고, 어떤 길이 있는지 알려주는 하나의 이정표가 될 수 있다. 이 책의 스토리들이 이런 길도 있으니 너는 너의 길을 찾아봐 라고. 그런 의미에서 책이 큰 의미가 있고, 그렇게 되기를 바라는 마음으로 썼다.

남석종　입학을 앞둔 친구들에게 저자들도 아무 것도 결론난 것이 없다고 말하고 싶다. 졸업생과의 만남에 두어 번 왔었는데 혼란스러웠다. 나도 한치 앞을 모르는데 뭘 말할 수 있겠는가. 그래서 말미에 매일매일 살아지는 대로 살고 있고, 최소한의 내 가치관을 잡고 나머지는 흘러가는 대로 살아가자 라고 썼다.

사회자　책의 콘셉트에 관해 고민을 많이 했다. 처음에는 명확한 콘셉트를 잡으려 애를 썼지만 결국 다양한 목소리를 보여주는 것이 이 책의 콘셉트라고 결론을 내렸다. 자기 목소리를 내기 힘든 친구들의 글을 담았으면 좋겠는데 현실적으로 어려웠다. 우리 레이더망에 없었다. 우리가 알고 있는 선에서 스토리가 있는 친구들을 선정하게 되었다. 마무리로 이 책을 읽는 독자에게 전하고 싶은 이야기, 책에 다 쓰지 못한 이야기를 한마디씩 해 달라.

이석화　저는 처음에 말했듯이 저에게 이런 질문했던 학생들에게 정리된 답을 들려주고 싶어서 글을 쓰게 되었다. 선배로서 말해주고 싶은 것은 이우학교를 통해 나의 행동 방식이 변했다, 내가 이런 것을 얻었다, 이런 것은 없었지만 저는 3년 내내 즐거웠고 많이 행복했다.
교생으로 있을 때 질문했던 친구들은 미래를 걱정하고 고통스러워하면서 치열하게 살고 있었다. 그 친구들이 치열하게 살려는 이유는 성취에 대한 욕망과 압박이 커서 그런 것 같다. 자기 합리화를 하라는 게 아니라 이우학교에서 그럴 필요는 없다. 대학을 가고 싶다는 친구가 있었는데 많이 부담스러워했다. 공부를 놓으라는 소리는 아니고, 보여줘야 한다는 압박감에 고통스러워하지 않길 바란다. 주위에서 많은 어른들이 도와줘야겠지만 이우학교에서는 행복하려고 마음먹으면 행복해질 수 있다. 학부모님께도 이우학교에 오셨으니 친구들을 압박하지 않으셨으면 좋겠다고 말하고 싶다.

남석종   사교육 관련해서 친구와 나눈 이야기인데 어떤 가능성을 열어주고 싶으면 살살 꼬셔서 본인이 먼저 관심을 갖도록 해야지 먼저 시키면 될 것도 안 된다. 그 친구도 피아노, 성악 등등 있어 보이는 것을 다 했지만 지금 하고 싶은 것은 수공예 공방이다. 가장 중요한 것은 내가 먼저 해보고 싶다고 마음을 먹는 것이다. 그런 마음가짐으로 학교를 다녔으면 한다.

김동민   이우학교를 선택하는 학생이나 학부모들이 이우학교라는 만들어진 시스템의 혜택을 누리려고 오지 않았으면 한다. 같이 이우학교라는 학교를 만들어갈 사람이 왔으면 좋겠다. 그런 의욕과 비전이 있는 사람이 와서 같이 이야기 나누고 갈등하면서 고인물이 아니라 계속 흐르면서 정화될 수 있게 하겠다는 마음으로 오면 건강한 공동체가 되지 않을까 싶다.

사회자   이사장님은 교사 생활을 오래 하셨고, 자녀가 1기, 4기 졸업생이라 하실 말씀이 많을 거 같다. 마무리 말씀 부탁드린다.

이사장   개인이든 학교든 사회든 계속해서 가는 과정인 것 같다. 이 과정을 책으로 만드는 것도 이우학교를 왜 만들었나 라는 이야기도 할 수 있겠고, 이우학교 존재의 의미가 무엇인가라는 질문을 던지는 하나의 방법이 아닐까 싶다. 우리가 지금 있는 더불어관은 졸업생들이 다닐 때는 없었다. 올해는 체육관도 짓는다. 어떤 학교가 좋은 학교인가? 건물이 하나 더 지어졌다고? 구성원이 좋아져서? 졸업생이 어떻게 삶을 살고 있는가도 꽤나 의미 있는 기준이라는 고민에서 궁금했고 그래서 이런 자리가 만들어졌다.

체육관을 지으면서 처음 이우학교를 설계한 분을 만났다. 어떻게 지어야 조화롭고 환경적으로 좋을까 고민해주시는 분이다. 저명하신 분인데, 이우학교를 위해서 재능기부 하겠다고 하셨다. 우리나라에도 외국처럼 좋은 학교가 하나 있었으면 좋겠고, 그것이 이우학교가 될 가능성이 있다고 본다는 말씀을 하셨다. 그 근거가 뭘까 궁금하다. 어떤 학교가 되어야 할까 잘 모르겠지만 이런 과정 속에서, 이우라는 이야기 속에서 할 수 있는 단어들, 맥락들을 계속 짚어가면서 질문해가는 과정이 필요하다. 한 개인으로, 공동으로 해야 할 작업들이 있다. 그런 측면에서 여러분이 글을 써주셔서 감사하다.

학교를 구성하고 있는 여러 구성원이 있다. 학부모회, 학생회, 교육공동체, 이사회가 있지만 결국 이우학교의 주인으로 계속 이끌고 갈 수 있는 힘이 어디여야 할까 고민하게 된다. 오늘 졸업생들이 학교를 끌고 가야 할 주체구나 생각했다. 졸업생이 곧 학교의 주인으로 활동할 시기가 다가왔구나 싶었다.

남석종 혹, 자녀가 있어야 하나요? 저는 결혼 전선이 빨간불이라서.(웃음)

사회자 가볍게 하시는 말씀이 아니다. 몇 년 전부터 그런 이야기가 나오고 있다. 시간이 좀 더 필요하겠지만 결국은 졸업생이 끌고 가는 학교가 되어야 하지 않을까 싶다.

두 시간이 지났다. 어떻게 살아야 할지 우리도 잘 모른다. 오십이 넘어도 사는 게 계속 해매는 느낌이다. 눈 감을 때까지 그렇게 살 것 같다. 정답도 없고, 결론도 없고, 계속 살아가면서 겪어가면서 자기만의 스토리를 만들어가는 것 같다. 허심탄회하게 이야기해주셔서 감사하다. 이 자리에 계신 모두에게 의미 있는 시간이었기를 바란다.

박형영

전 이우교육공동체 대표

"그래서 행복하니?"

애초에 이 책을 만들겠다고 생각한 건 이 질문에 대한 답을 듣고 싶어서였다. 이우학교는 2003년 개교해 어느덧 개교 17주년을 맞이했다. 2006부터 매년 고등학교 80여 명, 중학교 60여 명의 졸업생을 배출했으며, 1기 졸업생들은 이미 30대 중반에 접어들었다. 이우학교는 그동안 공교육의 혁신모델을 만들어냈다는 안팎의 평가를 받아왔지만 교육성과를 제대로 평가하려면 졸업생들이 사회에서 어떻게 살고 있는지를 살펴봐야 한다는 생각이 들었다. 무엇보다 그들이 행복하게 살고 있는지 궁금했다.

이우교육공동체 내에 출판TF를 만들고 본격적으로 준비를 시작했다. 그러나 내 의도는 첫 회의에서부터 깨지기 시작했다. 우리는 교육의 성과를 10년, 20년으로 평가한다는 것 자체가 얼마나 성급한 것인지 깨달았다. 30대 초중반, 20대 후반의 청년이 지금 어떻게 살고 있는지를 보고 그들이 받았던 교육을 평가한다는 것은 얼마나 무모한 일인가. 또한 그들의 삶과 그들이 받았던 학교 교육의 인과관계를 어떻게 밝혀낸다는 말인가.

우리는 곧 출간 목적을 수정했다. 이우의 교육을 객관적으로 평가할 수는 없지만 졸업생들의 다양한 삶의 단면을 보여주는 것은 가능하지 않겠는가. 그 단면이 전체를 설명해줄 수는 없지만 그동안의 교육을 돌아보고 교육의 의미를 새겨볼 수 있는 생생한 사례 혹은 계기는 되지 않을까. 그것만으로도 의미가 있는 일이라고 생각했다.

누구나 목표를 향해 흔들림 없이 살아가는 삶을 원하지만 그런 삶은 존재하지 않는다. 그렇기에 우리는 잘 넘어지는 법을 배워야 하고 일어서는 법도 배워야 한다. 이우학교는 그렇게 잘 넘어지고 일어서는 법을 가르친다. 이 책은 그런 교육을 받았던 아이들이 과연 세상에 나가 어떻게 흔들리고 넘어지면서 자기 인생을 개척해나가고 있는지 보여준다.

이 책을 기획하면서 우리가 가장 경계한 것 중 하나는 이우학교의 긍정적인 측면만 부각하는 것 아니냐는 것이었다. 그래서 졸업생 필자들에게 이우학교에 대한 좋았던 기억뿐만 아니라 아쉬웠던 점이나 잘못됐다고 생각하는 점을 가감 없이 드러내줄 것을 요구했다. 그러나 글에서 졸업생들의 기억은 대체로 긍정적으로 나타나고 있다. 이를 어떻게 평가할지는 독자 여러분의 몫으로 남게 됐다. 그럼에도 다행스러운 것은 이들의 학교 생활이 다양한 모습으로 분포되어 있다는 점이다. 모든 활동에 적극적으로 뛰어들었던 친구, 외톨박이처럼 조용히 지냈던 친구, 그저 평범하게 지냈던 친구 모두가 등장한다.

다양한 모습을 보여주기 위해 다양한 필자를 섭외하려고 노력했다. 우선 졸업 기수별로 안배했다. 그 결과 고등학교 2~8기 졸업생 14명이 참여했다. 일부는 중학교와 고등학교를 모두 이우에서 다녔고, 일부는 고등학교만 이우에서 다녔다. 이 책에서 졸업 기수를 밝힌 경우는 모두 고등학교 졸업 기준이다. 대체로 고등학교를 졸업한 지 10년 안팎이 된 청년들이다. 어떤 진로를 선택했는지도 중요한 선정 기준이 되었다. 기업체에 취업해서 안정적인 삶을 살고 있는 졸업생도 있고, 삶의 의미를 찾아 좌충우돌 하고 있는 졸업생도 있다. 마을에서 조용히 대안적인 삶을 살고 있는 졸업생이 있는가 하면 종횡무진 해외를 누비고 다니는 졸업생도 있다.

물론 이 필자들이 전체 졸업생들을 대표하거나 표본이 될 수는 없다. 통계적으로 편중되지 않은 표본을 선정하는 것은 이론으로나 현실에서 불가능함을 깨달았다. 100명의 졸업생에게 100개의 삶이 있고 어떤 삶이든 하나 하나 특별하며 소중하다.

이 책은 이우학교 교육에 관심 있는 부모들이나 우리나라 교육에 관심 있는 연구자, 교사들이 읽기를 바라고 기획했다. 특히 이우학교에 환상을 품고 있는 학부모들이 읽기를 권한다. 이우학교는 공부도 별로 안 시키는데 다들 좋은 대학교 진학해서 번듯한 직장에 다닐 거라고 착각하는 분들이 많다. 다른 학교 졸업생들이 그렇듯이 이우학교 졸업생도 소위 명문대도 가고, 지방대도 간다. 진로를 잘 찾아가는 친구들이 있기도 하지만 여전히 방황하는 친구들도 많다. 조금 다른 점이 있다면 기존의 성공 경로보다는 자기만의 삶의 무늬를 만들기 위해 고민하는 친구들이 조금 더 많다는 것이다. 중요한 것은 "무엇을 하며 사는가"가 아니라 "어떻게 사는가"이다. 겉으로 드러나는 직업이 아니라 속에 감춰진 내면에 귀기울여 주시기 바란다. 이우학교를 피상적으로 알고 있던 분들이 이 책에서 그 내면을 일부나마 들여다보고 이우학교의 교육을 한결음 더 깊이 이해할 수 있으면 좋겠다.

다음으로 이우학교에 적을 두고 있는 많은 분들, 학부모나 교사, 학생들이 읽기를 바란다. 이우 학부모들도 졸업생들이 실제로 어떻게 살고 있는지 잘 모른다. 단편적으로 들리는 소문만으로 막연히 짐작할 뿐이다. 그 소문이란 것은 누가 무슨 상을 받았다느니, 누구는 군대 제대 후 뒤늦게 공부해서 어느 대학교에 들어갔다느니 하는 엄친아들의 이야기가 대부분이다. 그런 소문에 괜히 내 자식이 그런 것처럼 뿌듯한 기분이 드는 것은 인지상정이겠지만 이우 졸업생들도 대한민국의 여느 청년들과 마찬가지로 엄혹한 현실에서 고군분투하고 있음을 깨달았으면 좋겠다. 조금 더 바란다면 그런 어려움을 버텨나가는 힘은 어디에서 오는지 생각해보면 좋겠다.

끝으로 이 책은 이우학교를 설립했고 현재도 이우학교의 든든한 보루 역할을 하고 있는 〈이우교육공동체〉가 학교법인 이우학원의 도움을 받아 기획하고 출간하게 됐음을 밝힌다. 현 학부모회장 김 문식 님과 전 학부모회장 현영창 님, 김미선 님이 기획에 함께 참 여했다.

이우학교 소개

도시형 인가 대안학교

이우학교는 '21세기의 더불어 사는 삶'을 모토로 2003년 개교한 도시형 대안학교이다. 2006년 첫 졸업 이후 2020년 현재 15기 졸업생까지 배출했다. 개교 당시부터 교육부 인가를 받아 출발했기 때문에 대안학교로서 정체성을 유지하면서도 공교육으로서 특성도 견지하고 있다. 그것은 이우학교가 한 학교를 잘 운영하는 데 그치지 않고 공교육의 모델이 되고자 하는 목적을 처음부터 가지고 있었기 때문이다. 실제 이우학교는 각 지자체에서 도입한 혁신학교의 모델이 되었다.

이우학교를 한 마디로 설명하기는 쉽지 않다. 다른 학교처럼 주체와 객체가 명확히 분리되는 운영구조가 아니기 때문이다. 이사장이나 교장이라고 해서 일방적으로 목표와 가이드라인을 제시하고 다른 사람들을 따르게 할 수는 없다. 이우학교에서는 이사회, 교사회, 학생회, 학부모회 등 다양한 이해 관계자들이 서로의 목소리를 내면서 때로는 갈등하고 때로는 의기투합하면서 교육의 실체를 만들어 나간다. 그렇기 때문에 보는 각도에 따라, 평가하는 시기에 따라 다양한 모습으로 나타난다.

이우학교에는 다른 대안학교에서는 보기 힘든 조직이 있다. 설립자 단체인 〈이우교육공동체〉가 바로 그것이다. 이우교육공동체는 설립 과정이 모두 끝난 이후에도 학교에 무한 책임을 지며 묵묵히 중심을 잡고 있다. 학교법인 이우학원의 이사진을 추천해 소수 이사진에 의한 독단과 전횡을 막고 있으며, 학교가 설립 이념을 지키면서도 사회 변화에 뒤처지지 않도록 연구와 지역사회 교류 활동을 이어가고 있다.

이우학교는 다른 대안학교와 달리 기숙사를 운영하지 않는다. 가정과 학교의 일상적 소통과 협력을 중시하기 때문이다. 그래서 학생과 학부모들은 통학 가능한 학교 인근의 마을에 대부분 거주하고, 그 마을에서 다양한 활동을 하며 마을공동체를 일궈가고 있다. 또한 이우학교는 사교육을 금지하고 있다. 학부모와 학생들은 사교육을 하지 않겠다는 서약서를 쓰고 입학한다.

대학입시는 목표가 아니다

이우학교의 수업은 대학 입시를 목표로 하지 않는다. 이우 학부모들이 쓴 책 『모두가 행복한 교육공동체를 꿈꾸다』(빈빈책방)는 다음과 같이 이우학교 수업의 특징을 설명하고 있다.

"이우의 교육 과정은 시험문제를 잘 맞추기 위한 수업에 초점이 맞춰져 있지 않다. 그러니 자연스럽게 평가도 표준화 시험 문제를 푸는 것에 국한되지 않는다. 일반 학교와는 달리 수업의 재량권은 전적으로 교사에게 있다. 수업은 교과지도서에 나와 있는 내용을 단순히 전달하는 것이 아니라 지식을 내면화할 수 있도록 내용을 조직해서 전달하고 그것이 아이들의 내면에 가 닿는 데에 초점을 둔다."

그러나 이우학교가 입시로부터 자유롭다고 자신 있게 말할 수 없는 것도 사실이다. 이는 대학 졸업장 없이는 제대로 대우받기 어려운 대한민국의 사회현실을 반영한다. 고2 때까지 무한한 에너지로 왕성한 활동을 하던 학생들도 고3이 되면 입시라는 현실의 과제 앞에 한없이 작아지는 현상을 곳곳에서 목격하게 된다.

비교과활동을 보면 이우학교가 보인다

이우학교의 특성은 비교과활동에서 두드러지게 나타난다. 대표적인 비교과활동으로는 해외통합기행, 한여름밤의 꿈, 농촌 봉사활동, 그림자극 등이 있다.

〈해외통합기행〉은 고1 겨울방학 무렵 생태, 인권, 평화 등을 주제로 네팔, 필리핀 등 아시아 국가를 방문해 그 나라 학생들이나 사회단체들과 교류하고 문화를 체험하는 활동이다. 학생들은 통합기행을 준비하고 현지 체험을 하는 과정에서 교과서에서 배울 수 없는 다양한 삶을 배운다.

많은 졸업생이나 학부모들이 이 활동을 이우학교 최고의 프로그램으로 꼽기를 주저하지 않았는데 아쉽게도 2016년을 마지막으로 폐지됐다. 질병, 테러 등 안전을 위협하는 요인이 너무 많아졌으며, 교사들에게는 지나친 부담을 안겼고, 학생과 학부모들에게는 과다한 비용이 문제가 됐기 때문이다.

〈한여름밤의 꿈〉은 고1 때 진행하는 연극 프로그램이다. 학생들은 몇 달을 준비하여 한 반에 한 편씩 창작 연극을 무대에 올린다. 각본, 연출, 미술, 연기 등을 모두 학생들이 맡아서 한다. 아이들은 연극을 준비하는 과정에서 숱하게 싸우고 화해하고, 갈등하고 화합하면서 성큼 성장한다. 한여름밤의 꿈 덕분에 자신의 숨겨진 재능을 발견하고 진로를 찾아가는 학생도 적지 않다.

다른 학교에서 볼 수 없는 특이한 광경은 학생들이 서로 연출을 하거나 주인공을 맡으려고 다투지 않는다는 사실이다. 학생들은 누가 잘 났고 누가 못 났다고 생각하지 않고 서로 맡은 역할이 다를 뿐이라고 생각한다.

한편 한여름밤의 꿈 준비에 학생들이 지나치게 몰입해서 블랙홀처럼 다른 모든 활동을 빨아들여버린다는 부작용을 우려하는 목소리가 매년 나오고 있다.

이우학교 학생들은 중1 때부터 고3 때까지 매년 2박 3일 동안 농촌 봉사활동을 간다. 농사일도 돕고, 할머니 할아버지들 말벗도 되어 드리고, 공연도 한다. 한 학년이 6년 동안 같은 마을로 봉사활동을 가기 때문에 마을 주민들과 학생들은 서로 정이 많이 든다. 농사일 하다가 막걸리를 얻어먹는 학생들이 가끔 발생해서 문제가 되기도 한다.

〈그림자극〉은 중2 때 하는 활동이다. 고1 때 하는 한여름밤의 꿈의 축소판 정도라고 생각하면 된다. 역시 각본부터, 제작, 연기 모두 학생들의 힘으로 한다.

모든 행사는 학생들 스스로

이우학교에는 회의가 많다. 교사들도 그렇고, 학부모들도 그렇지만 학생들은 더욱 그렇다. 회의가 많기도 하지만 한번 시작했다 하면 몇 시간이고 이어진다. 이런 경험 덕분에 이우 학생들이 외부에 나가서 활동할 때 "아이들이 토론을 잘 한다"는 평가를 받곤 한다.

가장 대표적인 학생자치 활동은 학생회다. 학년별 학생회가 있고 중학교 총학생회, 고등학교 총학생회가 있다. 학생회 임원들은 학생들을 대표해서 학교운영위원회에 참여할 수 있다. 또 학교청원권을 발동해 교사들을 상대로 학교운영 전반에 대해 청문할 수 있는 권한을 행사할 수 있다. 중요한 것은 이런 권리가 형식적인 제도로만 존재하는 게 아니라 실제로 활발하게 행사되고 있다는 점이다.

학생들은 또한 각종 위원회를 만들어 체육대회, 축제 등을 스스로 준비하고 실행한다. 성평등, 생태, 인권 등 다양한 주제의 소모임을 자발적으로 만들어 활동하고 있으며, 각종 동아리를 만들어 활발하게 활동하고 있다.

- 주소 : (13547) 경기도 성남시 분당구 동막로 287
- 대표전화 : 031-711-9295
- 홈페이지 : http://www.2woo.net/
- 학생 현황 : 중학교 학년 당 3학급 60명,
  고등학교 학년 당 4학급 80명(총 21학급 420명)

〔 입학제도 〕

이우중학교와 이우고등학교를 통틀어 이우학교라고 부르지만 중학교와 고등학교는 제도적으로는 분리되어 있다. 이우중 졸업생이라고 해도 이우고를 들어가려면 다른 중학교 출신 학생과 동일한 조건에서 입학시험을 치러야 한다. 중학교와 고등학교 모두 전국 단위 모집이지만 입학 전형 시기와 방법은 다르다.

이우고등학교
- 원서교부 및 접수 : 9~11월
- 전형방법
— 1차 : 서류전형
— 2차 : 학생 및 학부모 면접
— 제출서류 : 중학교 생활기록부, 학생 자기소개서, 학부모 자기소개서 등

이우중학교
- 원서교부 및 접수 : 5~6월
- 전형방법
— 1차 : 추첨
— 2차 : 학생 2박3일 캠프전형 면접, 학부모 면접
— 제출서류 : 초등학교 생활기록부, 학생 자기소개서, 학부모 자기소개서 등

이우학교를 나오니 이우학교가 보였다
: 이우학교 졸업생 성장 분투기

초판 1쇄 펴낸 날 2020년 6월 29일

지은이 · 김고은, 김동민, 김지원(5기), 김지원(6기), 남석종, 도재현, 박다솜
        신한슬, 오인영, 유지연, 이석화, 이층희, 차명식, 최선률
펴낸이 · 박강호
펴낸곳 · 동하
출판등록 · 2008년 2월 18일 제301-2009-140호
주소 · 서울시 종로구 자하문로5길 37 1층
전화 · 02)312-9047 / 팩스 · 02)6101-1025

ⓒ이우교육공동체, 2020

ISBN 979-11-968105-2-8 03370
책값은 뒤표지에 있습니다.

· 이 책 내용의 전부 또는 일부를 다른 곳에 쓰려면 반드시
  저작권자와 출판사 모두에게 동의를 받아야 합니다.
· 동하는 (주)디자인커서의 인문교양 브랜드입니다.

이 도서의 국립중앙도서관 출판예정도서목록(CIP)은 서지정보유통지원시스템 홈페이지
(http://seoji.nl.go.kr)와 국가자료종합목록 구축시스템(http://kolis-net.nl.go.kr)에서
이용하실 수 있습니다. (CIP제어번호 : CIP2020024626)